Konjunktur und Krise

AKADEMIE-VERLAG · BERLIN

WISSENSCHAFTLICHES

BULLETIN

DES INSTITUTS FÜR

WIRTSCHAFTSWISSENSCHAFTEN

BEI DER

DEUTSCHEN AKADEMIE

DER WISSENSCHAFTEN

ZU BERLIN

HEFT

4

1967

11. JAHRGANG

THEORIA CUM PRAXI

INHALT

Redaktionsschluß: 11. 9. 1967

Herausgeber: Institut für Wirtschaftswissenschaften bei der Deutschen Akademie der Wissenschaften zu Berlin

Anschrift der Redaktion: 108 Berlin, Leipziger Straße 3

Verantwortlich für den Inhalt: Prof. Dr. J. L. SCHMIDT, 108 Berlin, Leipziger Str. 3. Verlag: Akademie-Verlag GmbH, 108 Berlin, Leipziger Str. 3–4, Fernruf 220441, Telex-Nr. 112 020, Postscheckkonto: Berlin 35021. Die Zeitschrift erscheint vierteljährlich. Bezugspreis eines Heftes 6,– MDN. Sonderpreis für die DDR 4,– MDN. Veröffentlicht unter der Lizenznummer 1338 des Presseamtes beim Vorsitzenden des Ministerrates der Deutschen Demokratischen Republik. Bestellnummer dieses Heftes: 1059/11/4. Gesamtherstellung: VEB Druckerei „Thomas Müntzer“, 582 Bad Langensalza.

Konjunktur und Krise

Wissenschaftliches Bulletin des Instituts für Wirtschaftswissenschaften
bei der Deutschen Akademie der Wissenschaften zu Berlin

11. Jahrgang 1967 Heft 4

Technischer Fortschritt, Wachstum und Umschichtung der gesellschaftlichen Arbeit zwischen den beiden großen Abteilungen der gesellschaftlichen Produktion

ROBERT KATZENSTEIN

Es sind nur einige Seiten des Problems, die hier angeschnitten werden sollen. Seit geraumer Zeit werden von den Ökonomen in der Sowjetunion und in der DDR Fragen diskutiert, die man, auf einen gemeinsamen Nenner gebracht, in dem Problem zusammenfassen kann, ob das Gesetz von der vorrangigen Entwicklung der Produktion von Produktionsmitteln auch heute, unter den Bedingungen der technischen Revolution, noch Gültigkeit habe. Diese Diskussion hat noch nicht zu allgemein akzeptierten Lösungen geführt, sondern die Standpunkte stehen sich noch mehr oder weniger diametral gegenüber. Beide Standpunkte, sowohl pro als auch kontra, haben viel für sich. Den Ökonomen, die von ihrem speziellen Forschungsthema her zu der Auffassung gelangt sind, daß eine gesetzmäßige Umschichtung der gesellschaftlichen Arbeit zugunsten der Produktion von Produktionsmitteln heute nicht mehr bestehe, oder die sie nur bedingt anerkennen, muß man zugestehen, daß neuere Untersuchungen in der Tat zeigen, daß von einer ständigen Notwendigkeit vorrangigen Wachstums der Abteilung I nicht die Rede sein kann. Entgegengesetzte Meinungen haben wiederum für sich, daß die Gesetzmäßigkeit schnelleren Wachstums der Produktion von Produktionsmitteln durch die historische Entwicklung, langfristig gesehen, bestätigt wird und man sich auch die Perspektive der gesellschaftlichen Produktion nur sehr schwer ohne eine weitere Umschichtung der gesellschaftlichen Arbeit in Richtung eines zunehmenden Anteiles der Produktion von Produktionsmitteln vorzustellen vermag; man denke nur an die wohl allgemein als nicht utopisch anerkannte und allgemein erwartete beträchtliche Kürzung des Arbeitstages in der Zukunft, die ja im Grunde nichts anderes besagt, als daß jener Gratisdienst des fixen Kapitals, von dem Marx sprach, in wachsendem Maße nutzbar gemacht wird, um die lebendige menschliche Arbeit im Produktionsprozeß auf ein Mindestmaß zu reduzieren. Gewiß lassen sich auch hier Einwände erheben. Ein sicheres Ergebnis der bisherigen Diskussion scheint zu sein, daß eine ganze Reihe von Zusammenhängen noch näherer Untersuchung bedürfen, ehe man zu theoretisch fundierten Schlußfolgerungen kommen kann. Kann man z. B. aus einem wachsenden Anteil des Nationaleinkommens am gesellschaftlichen Bruttoprodukt ohne weiteres darauf schließen, daß die Produktion von Produktionsmitteln langsamer wächst, als die von Konsumtionsmitteln? Eine ganze Reihe von Ökonomen hat darauf hingewiesen, und offenbar mit einiger Berechtigung, daß ein unmittelbarer Zusammenhang zwischen beiden Entwicklungsprozessen nicht besteht. Kann man sagen, daß der Nutzeffekt der gesellschaftlichen Arbeit und folglich auch die Akkumulationskraft der Gesellschaft abnimmt, ja in letzter Konsequenz völlig blockiert werden muß, wenn der Anteil des Nationaleinkommens am gesellschaftlichen Bruttoprodukt ständig sinkt? Wenn dieses Argument zutrifft, so ist das ohne Zweifel ein sehr schwerwiegender Gesichtspunkt, der gegen eine gesetzmäßige Umschichtung der gesellschaftlichen Arbeit zugunsten der Produktion von Produktionsmitteln spricht. Vor allem zu dieser Frage sollen daher in dem folgenden Beitrag einige Gesichtspunkte in die Diskussion eingebracht werden.

Unter all den Faktoren, die das Wachstum der gesellschaftlichen Produktion beeinflussen und stimulieren, ist ohne Zweifel der technische Fortschritt einer der wichtigsten. Ganz allgemein gefaßt, d. h. auf sein Wesen reduziert, ist der technische Fortschritt ein Prozeß der Freisetzung von gesellschaftlicher Arbeit im Sinne der Verringerung der notwendigen Arbeit zugunsten der Mehrarbeit. Der Begriff notwendige Arbeit wird in unserem Zusammenhang in dem spezifischen Sinne gebraucht, der darunter die Arbeit versteht, die zur Reproduktion aller Produktionsfaktoren, also sowohl der lebendigen als auch der vergegenständlichten Arbeit notwendig ist. Unter Mehrarbeit ist dementsprechend, wenn man von den kapitalistischen Produktionsverhältnissen einmal absieht, die disponible Zeit der Gesellschaft zu verstehen. Indem der technische Fortschritt die disponible Zeit der Gesellschaft vermehrt, erweitert er die Skala der Möglichkeiten allseitiger Entwicklung der gesellschaftlichen Produktion bzw., auf die kapitalistische Produktionsweise bezogen, schafft er neue Sphären für die Bewegung des Kapitals.

Es handelt sich beim technischen Fortschritt um einen umfassenden Prozeß. Er ergreift alle Bereiche der gesellschaftlichen Produktion und Zirkulation und beinhaltet Ökonomisierung sowohl der lebendigen als auch der vergegenständlichten Arbeit. Überdies bewirkt er eine ständige Umschichtung im Verhältnis der lebendigen zur vergegenständlichten Arbeit, d. h. eine Neuverteilung der gesellschaftlichen Arbeit auf die einzelnen Wirtschaftszweige.

Wenn man einmal vom Wachstum des Arbeitskräftepotentials absieht, so ist die Freisetzung von gesellschaftlicher Arbeit ganz allgemein die Voraussetzung jeglichen Wachstums von Produktion und daher Konsumtion, d. h. jeglicher Erweiterung des Reichtums der Gesellschaft.

In welchem Grade Freisetzung von gesellschaftlicher Arbeit Voraussetzung jeglichen Wachstums der Produktion ist, wird deutlich erkennbar, wenn man sich den historischen Ablauf des Wachstumsprozesses ins Gedächtnis zurückruft. Noch zu Beginn der industriellen Revolution war der weitaus überwiegende Teil der gesellschaftlichen Arbeit durch die Produktion von Nahrungsmitteln gebunden. Freisetzung von Arbeit im Bereich der Nahrungsmittelproduktion war Voraussetzung für die Entwicklung der industriellen Produktion. Noch heute kann man die Bedeutung dieses Prozesses am Beispiel der unterentwickelten Länder erkennen. Selbst in einem der industriell am höchsten entwickelten Länder Afrikas, beispielsweise der VAR, waren noch 1960 von 7,8 Mill. Erwerbstätigen 4,4 Mill. in der Land-, Fortswirtschaft und Fischerei beschäftigt. Im Bergbau, dem verarbeitenden Gewerbe, dem Baugewerbe, der Energie- und Wasserversorgung waren es dagegen insgesamt nur

0,92 Mill.[1]. Wenn man von einer Vielzahl anderer Faktoren absieht, z. B. einer vorhandenen offenen oder verdeckten industriellen Reservearmee, so erscheint hier die Freisetzung von gesellschaftlicher Arbeit im Bereich der landwirtschaftlichen Produktion, also der Produktion der für die Ernährung der Bevölkerung lebenswichtigen Waren, als Voraussetzung für die Ausdehnung der Produktion anderer Güter des menschlichen Bedarfs überhaupt.

Von der Freisetzung von gesellschaftlicher Arbeit hängen nicht nur die Wachstumsmöglichkeiten der Produktion ab, sondern sie ist bis zu einem gewissen Grade auch Voraussetzung der Entwicklung der Produktivkräfte, d. h. stets erneuter Verminderung der notwendigen Arbeit überhaupt. Mehrarbeit, oder anders ausgedrückt, freie Zeit, Zeit, die nicht für notwendige Arbeiten aufgewandt werden muß, ist Voraussetzung für die Schaffung vollkommenerer Arbeitsinstrumente; und zwar um so mehr, je mehr sich die Produktivkraft der Arbeit in Maschinerie und riesenhafteren Produktionsanlagen materialisiert.[2] So hoch der Nutzeffekt neuer Arbeitsmittel auch sei, er wird erst wirksam, wenn sie in der Produktion eingesetzt werden können, ihre Entwicklung und Produktion aber macht von vornherein erst einmal einen bestimmten Arbeitsaufwand erforderlich, der in Form von Mehrarbeit vorhanden sein muß, ehe sie produziert werden können. In diesem Sinne ist die Freisetzung von gesellschaftlicher Arbeit stets Voraussetzung für die Entwicklung der Produktivkräfte selbst; freilich sind die Grenzen hier heute sehr elastisch. Mehrarbeit ist darüber hinaus Voraussetzung für die Erhaltung einer Schicht von Personen, die sich mit wissenschaftlicher Forschung und Entwicklung beschäftigen können.

Historisch betrachtet zeigt sich also eine Wechselwirkung der ablaufenden Prozesse: Die Freisetzung von gesellschaftlicher Arbeit wird zum Ausgangspunkt der Erweiterung der gesellschaftlichen Produktion bzw., auf die kapitalistische Produktionsweise bezogen, der Eroberung neuer Sphären für die Bewegung des Kapitals. Diese wiederum führt durch die sie begleitende Steigerung der Produktivkraft der Arbeit zu erneuter Freisetzung von gesellschaftlicher Arbeit. Es sind dies die Prozesse, die zugleich das Wachstum des Umfangs der Warenmasse, ihrer Vielfalt, mit einem Wort des Reichtums der Gesellschaft beinhalten. Wie diese Prozesse im einzelnen ablaufen und wie die neugewonnene disponible Zeit der Gesellschaft verwandt wird, hängt von den spezifischen Produktionsverhältnissen, den sich daraus ergebenden Verteilungsverhältnissen etc. und den jeweils gegebenen konkreten Bedingungen ab.

Sieht man von der Verkürzung des Arbeitstages ab, so stellt sich die Freisetzung von gesellschaftlicher Arbeit als Freisetzung von Arbeitskräften dar und zwar, da wir den gesellschaftlichen Gesamtarbeiter im Auge haben müssen, als Freisetzung von Beschäftigten; auf diese Weise läßt sie sich auch in grober Form messen. Untersucht man die Auswirkungen der technischen Revolution in Westdeutschland in dieser Richtung, so zeigt sich, daß ein Freisetzungsprozeß von ganz erheblichen Ausmaßen eingesetzt hat. In bezug auf die Industrie tritt dieser Prozeß als relative Freisetzung von Arbeitskräften in Erscheinung. Der Umfang dieser relativen Freisetzung zeigt sich daran, daß 1964 57,6 Beschäftigte ausreichten, um die gleiche Warenmasse zu produzieren,

[1] Statistisches Jahrbuch für die Bundesrepublik Deutschland 1965, Internationale Übersichten, S. 43

[2] Vgl. Karl Marx, Grundrisse der Kritik der politischen Ökonomie, Berlin 1953, S. 595 ff.

zu deren Produktion 1950 100 Beschäftigte notwendig waren.[3] Die Mehrarbeit ist also in diesem Zeitraum um etwa 40 Prozent gestiegen. Es wurden laufend Arbeitskräfte freigesetzt, die entweder zur Erhöhung der Produktion des gegebenen Zweiges selbst, zur Eröffnung neuer Produktionen oder für andere Zwecke eingesetzt wurden.

In einigen Bereichen der Volkswirtschaft fand auch eine absolute Freisetzung von Arbeitskräften statt. Herausragend ist in dieser Hinsicht die Landwirtschaft. Hier zeigt sich ein Rückgang der Beschäftigung von 5,0 Mill. 1950 auf 3,1 Mill. 1964, bei einer gleichzeitigen Steigerung der Produktion (gebrauchswertmäßig, d. h. nach der Entwicklung der Produktion in 1000 t Getreideeinheiten berechnet) um rund 43%.[4] 1964 war also eine bedeutend kleinere Masse an gesellschaftlicher Arbeit notwendig, um eine größere Bevölkerung besser zu ernähren als 1950.[5] Die *absolute* Freisetzung von Arbeitskräften tritt hier so stark in Erscheinung, weil der Nahrungsmittelbedarf der Masse der Bevölkerung in den hochentwickelten kapitalistischen Ländern immerhin schon soweit befriedigt ist, daß eine Steigerung der Löhne zwar immer noch, aber nicht mehr in erster Linie eine Erweiterung der landwirtschaftlichen Produktion hervorruft, sondern in viel stärkerem Maße die Produktion industrieller Konsumgüter stimuliert.

Der technische Fortschritt ist jedoch nicht nur ein Prozeß der Freisetzung von gesellschaftlicher Arbeit, sondern er beinhaltet zugleich auch ihre Neuverteilung auf die einzelnen Bereiche der gesellschaftlichen Produktion. In der Regel wird es sich dabei um eine Umschichtung in Richtung eines Wachstums der vergegenständlichten im Verhältnis zur lebendigen Arbeit handeln und, innerhalb der vergegenständlichten Arbeit, der Arbeitsmittel im Verhältnis zu den Arbeitsgegenständen; zumindest kann man das in bezug auf die bisherige langfristige historische Entwicklung sagen. Seinen Ausdruck findet dieser Umschichtungsprozeß darin, daß ein zunehmender Teil der in der materiellen Produktion angewandten gesellschaftlichen Arbeit zur Produktion von Produktionsmitteln, insbesondere von Arbeitsmitteln, und ein abnehmender Teil zur Produktion von Konsumtionsmitteln angewandt wird. Anhand der historischen Entwicklung der Beschäftigtenstruktur der deutschen bzw. westdeutschen Industrie läßt er sich nachweisen.

Die Kennziffern der Tabelle spiegeln die Entwicklung der beiden großen Abteilungen der gesellschaftlichen Produktion in der Industrie – natürlich nicht exakt – wider. Es gibt hier eine Reihe von Problemen. Beispielsweise veränderte sich im Laufe der Zeit der Anteil der Produktionsmittel und Konsumtionsmittel sehr stark, die in manchen, hier durchlaufend einer Abteilung zugeordneten, Zweigen hergestellt werden. Das gilt z. B. für das Baugewerbe, in dem die Konsumtionsmittelproduktion, d. h. der Wohnungsbau sowie der öffentliche Hoch- und Tiefbau (ohne Straßenbau) 1875 noch kräftig, 1962 dagegen nur noch ganz geringfügig überwog. Das gilt für die Textilindustrie, die 1875 weit überwiegend zur Abteilung II gehörte, 1962 aber fast ganz der Abteilung I zuzurechnen ist. Das gilt für den Bereich der Arbeitsmittelproduktion, dem z. B. der Kraftfahrzeugbau zugeordnet wurde, obgleich in diesem heute der Anteil

[3] Berechnet nach: Statistisches Jahrbuch für die BRD 1965, S. 235 und 246

[4] Vgl. ebenda, S. 151 und 183

[5] Das trifft auch zu, wenn man die Außenhandelsverflechtung bei landwirtschaftlichen Erzeugnissen in die Rechnung einbezieht

Tabelle 1
Anteile der einzelnen Industriezweige an den Beschäftigten in der deutschen bzw. westdeutschen Industrie* 1875–1962; jeweiliges Gebiet, in Prozent

Industriezweige	1875	1925	1950	1962
Ia) Produktion von Arbeitsmitteln	11,54	22,47	26,22	34,48
1. Maschinen, Apparate- und Fahrzeugbau	3,65	10,07	13,23	17,67
2. Eisen-, Blech- und Metallwaren	7,22	7,74	7,24	8,31
3. Elektrotechn. Industrie und Feinmechanik/Optik	0,67	4,66	5,75	8,50
Ib) Produktion von Arbeitsgegenständen	17,26	21,14	24,51	22,82
1. Bergbau	5,56	6,31	7,85	5,00
2. Industrie der Steine und Erden	5,38	5,71	4,42	4,08
3. Eisen- und Metallgewinnung	3,19	3,83	4,37	5,61
4. Chemische Industrie	1,11	2,51	3,97	4,90
5. Lederindustrie	1,65	1,28	1,19	0,74
6. Kautschukindustrie	0,10	0,53	0,87	0,99
7. Wasser-, Gas- und Elektrizitätsversorgung	0,27	0,97	1,84	1,50
II) Produktion von Konsumtionsmitteln	71,20	56,39	49,26	42,70
1. Textilindustrie	17,10	9,32	7,78	5,97
2. Papier- und Vervielfältigungsgewerbe	2,46	4,31	3,56	3.73
3. Holz- und Schnitzstoffindustrie	9,94	7,98	6,66	4,19
4. Musikinstrumentenindustrie	0,29	0,98	0,25	0,29
5. Nahrungs- und Genußmittelindustrie	12,67	10,45	7,42	6,62
6. Bekleidungsgewerbe	18,87	11,64	7,58	5,43
7. Baugewerbe	9,87	11,71	16,01	16,47

* Industrie einschl. Wasser-, Gas-, Elektrizitätsversorgung und Baugewerbe.
Berechnet nach: Statistisches Handbuch für den Maschinenbau 1928 ff. und Statistisches Jahrbuch für die BRD 1952 ff.

der Konsumgüterproduktion überwiegt.[6] Man hätte also die Produktion noch genauer aufschlüsseln können. Es erwies sich jedoch als unnötig, denn eine grob überschlägige Berechnung ergab, daß auch so die Tendenz der Entwicklung deutlich erkennbar wird. Bei exakterer Aufschlüsselung kommt man für 1875 zu einem Verhältnis zwischen Abteilung I und II von annähernd 35:65, für 1962 von rund 60:40. Im Interesse einer unkomplizierteren Darstellung haben wir daher darauf verzichtet, diese genauere Aufgliederung auch tabellarisch darzustellen.

In dem untersuchten Zeitraum hat also eine sehr beachtliche Umschichtung der gesellschaftlichen Arbeit zugunsten der Produktion von Produktionsmitteln stattgefunden. Da man nicht bestreiten kann, daß in der gleichen Periode auch

[6] Vgl. A. Beltschuk, Einige Besonderheiten des Reproduktionsprozesses in Westdeutschland, in: Sowjetwissenschaft, Gesellschaftswissenschaftliche Beiträge, Heft 10/1965, S. 1054

die Akkumulationskraft des gesellschaftlichen Gesamtkapitals in Deutschland bzw. Westdeutschland und der Reichtum der Gesellschaft — von seiner Aneignung durch das Kapital einmal abgesehen — beträchtlich zugenommen hat, kann man folglich auch berechtigt schließen, daß eine Umschichtung der gesellschaftlichen Arbeit zugunsten der Produktion von Produktionsmitteln die Akkumulationskraft der Gesellschaft nicht unmittelbar berührt oder sie gar vermindert. Es ist auch gar nicht recht einzusehen, warum das der Fall sein sollte.

Die Akkumulationskraft der Gesellschaft hängt von der Freisetzung von gesellschaftlicher Arbeit, also der Verringerung der notwendigen Arbeit ab. Dieser Prozeß aber wird von einer Umschichtung innerhalb der notwendigen Arbeit, von der lebendigen zur vergegenständlichten Arbeit, überhaupt nicht berührt. Das Wachstum der vergegenständlichten im Verhältnis zur lebendigen Arbeit besagt zunächst nichts weiter, als daß ein größerer Teil der in einer gegebenen Periode aufgewandten lebendigen gesellschaftlichen Arbeit, anders ausgedrückt des Nationaleinkommens, sich in Form von Produktionsmitteln materialisiert und ein kleinerer Teil in Form von Konsumtionsmitteln (wobei die absolute Höhe der Konsumtion wiederum in keiner Weise von diesen Materialisierungsformen abhängig ist).

Gehen wir vom Nationaleinkommen aus. Wenn die Grundproportion einfacher Reproduktion gegeben ist, nehmen wir an I (100 v + 100 m) = IIc — die Zahlen und auch die Zusammensetzung des Kapitals beider Abteilungen sind völlig willkürlich gewählt —, so ist es für den Umfang des Nationaleinkommens doch völlig belanglos, ob sich das Kapital der beiden Abteilungen aus:

$$\begin{aligned} \text{I.}\quad & 1000\,c + 100\,v + 100\,m \\ \text{II.}\quad & 200\,c + 50\,v + 50\,m \end{aligned}$$

zusammensetzt oder, sehr überspitzt, aus:

$$\begin{aligned} \text{I.}\quad & 1500\,c + 150\,v + 150\,m \\ \text{II.}\quad & 300\,c + 0\,v + 0\,m\,. \end{aligned}$$

In beiden Fällen ist das Nationaleinkommen gleich 300, aber im zweiten Fall ist jegliche lebendige Arbeit aus der Produktion der Abteilung II ausgeschaltet, die Produktion läuft dort vollautomatisch ab. Setzen wir für den zweiten Fall eine Zusammensetzung von:

$$\begin{aligned} \text{I.}\quad & 1500\,c + 100\,v + 200\,m \\ \text{II.}\quad & 300\,c + 0\,v + 0\,m\,, \end{aligned}$$

so ist die lebendige Arbeit aus der Abteilung II ebenfalls völlig verschwunden, sie ist sogar insgesamt kleiner geworden, d. h. gesellschaftliche Arbeit wurde freigesetzt, der Mehrwert, anders ausgedrückt, das Reineinkommen der Gesellschaft ist gewachsen. Die Akkumulationskraft der Gesellschaft ist gestiegen. Wir sehen hier davon ab, daß bei exakter Darstellung für die erweiterte Reproduktion dann I (v + m) > IIc sein müßte; es kommt hier nicht auf die exakte Darstellung der Proportionen an, sondern darauf zu zeigen, daß ein unmittelbarer Zusammenhang zwischen Umschichtung der notwendigen Arbeit und Akkumulationskraft der Gesellschaft nicht besteht.

Die Akkumulationskraft ist in unserem Beispiel sogar gewachsen, obwohl das konstante Kapital beider Abteilungen zusammengenommen gestiegen, also auch das Nationaleinkommen im Verhältnis zum gesellschaftlichen Bruttoprodukt gesunken ist. Man darf sich durch dieses Verhältnis nicht irritieren lassen. Bei dem c der Reproduktionsschemata handelt es sich stets um das konstante Kapital, das in dem gegebenen Zeitpunkt verbraucht, in neues Produkt verwandelt wird etc. und das in dieser Periode reproduziert werden muß, d. h. die Schemata setzen eine bestimmte Entwicklung der Produktivkräfte voraus, bestimmte Bedingungen, unter denen eben c in dem angegebenen Umfange reproduziert werden kann. Die Proportionen sind willkürlich gewählt. Es kam nur darauf an anzudeuten, daß die Akkumulationskraft der Gesellschaft auch dann wachsen kann, wenn das Nationaleinkommen im Verhältnis zum gesellschaftlichen Bruttoprodukt sinkt. Aber wenn auch die Proportionen willkürlich gewählt sind, so ist doch das Beispiel nicht völlig aus der Luft gegriffen. Wir wollen es daher anhand eines konkreten Prozesses, und zwar der Entwicklung in der westdeutschen Landwirtschaft, näher erläutern.

In der westdeutschen Landwirtschaft wurden, wie bereits erwähnt, von 1950 bis 1964 rund 1,9 Mill. Arbeitskräfte freigesetzt. Gleichzeitig stieg jedoch der Verbrauch der Landwirtschaft an fremdbezogenen Roh-, Hilfs- und Treibstoffen, an Energie usw. um rund 185%, die Ausgaben für landwirtschaftliche Bauten erhöhten sich fast auf das zehnfache, die für neue Maschinen auf etwa das fünffache.[7] Ein Teil der in der Landwirtschaft freigesetzten Arbeitskräfte muß also, gesellschaftlich betrachtet, zur Produktion der zusätzlich notwendigen sachlichen Produktionsfaktoren eingesetzt werden. Der Beschäftigungseffekt dieses Umschichtungsprozesses ist allerdings geringer, als man auf Grund der o. a. Steigerungsraten des Produktionsmittelverbrauches annehmen sollte. Das liegt einerseits an den spezifischen Bedingungen der landwirtschaftlichen Produktion. Ein großer, im Zuge des technischen Fortschritts freilich abnehmender Teil der sogenannten Vorleistungen wird in der Landwirtschaft selbst produziert, d. h. durch die lebendige Arbeit wird in der Landwirtschaft nicht nur der Wert der Rohmaterialien auf das Produkt übertragen und so erhalten, sondern sie werden teilweise zugleich auch stofflich reproduziert. Zum anderen aber ist die Reproduktion der in der Landwirtschaft eingesetzten Arbeitsmittel durch den technischen Fortschritt in den sie herstellenden Bereichen beträchtlich verbilligt worden. Berechnet man beispielsweise die Zahl der mit der Produktion landwirtschaftlicher Bauten beschäftigten Arbeitskräfte anhand des Anteiles der dazu aufgewandten Arbeiterstunden an den insgesamt im Baugewerbe geleisteten, so ergibt sich, daß die Zahl der im landwirtschaftlichen Bauwesen tätigen Arbeitskräfte in dem untersuchten Zeitraum um etwa 13000 zurückgegangen ist.[8] Die Reproduktion der landwirtschaftlichen Maschinerie findet dagegen in Produktionszweigen statt, in denen die organische Zusammensetzung des Kapitals bereits sehr hoch war, daher auch die Arbeitsproduktivität. Fließende Fertigungsverfahren begannen sich im Landmaschinen- und Traktorenbau schon Anfang der 30er Jahre durchzusetzen. In diesen Zweigen war der Sprung in der Entwicklung der Arbeitsproduktivität daher nicht ganz so groß und der verstärkte Einsatz von Maschinerie in der Landwirtschaft führte zu einem Wachstum der Beschäftigten, aber dies blieb aus dem gleichen Grunde natürlich auch gering im Verhältnis zu den in der Landwirtschaft

[7] Vgl. Statistisches Jahrbuch für die BRD 1965, S. 183 und 553
[8] Vgl. ebenda, S. 280 f.

freigesetzten Arbeitskräften. Insgesamt wurden durch den steigenden Maschineneinsatz in der Landwirtschaft Westdeutschlands etwa 10000 Arbeitskräfte zusätzlich im Landmaschinen- und Traktorenbau beschäftigt.[9] Freilich ist der Beschäftigungseffekt dieses Umschichtungsprozesses doch noch etwas größer. Erstens hat die Bedeutung der Einfuhr landwirtschaftlicher Maschinen zugenommen. Zweitens strahlen vom Landmaschinen- und Traktorenbau usw. Wachstumsimpulse auf andere Zweige aus. Drittens schließlich gehen von der Entwicklung in der Landwirtschaft, der Vertiefung der Arbeitsteilung usw. auch noch Einflüsse auf andere industrielle und nichtindustrielle Bereiche der Produktion aus, z. B. die chemische Industrie, das Verkehrswesen etc. Man kann schätzen, daß von den in der Landwirtschaft freigesetzten Arbeitskräften also etwa 100000—200000 in anderen Zweigen der gesellschaftlichen Produktion wieder gebunden wurden.

Betrachtet man den ganzen Prozeß von dem Gesichtspunkt her, wieviel Arbeit zur Ernährung der Bevölkerung gesellschaftlich notwendig ist, also wie sich das Verhältnis notwendige Arbeit:Mehrarbeit entwickelt hat, so zeigt sich, daß nicht die gesamte in der Landwirtschaft freigesetzte Arbeit Mehrarbeit darstellt, sondern nur ein Teil davon. Dennoch ist insgesamt gesellschaftliche Arbeit in großem Umfange freigesetzt worden und die Akkumulationskraft ist gestiegen.

In bezug auf die Akkumulationsmöglichkeiten ist schließlich auch noch das Verhältnis Wert:Gebrauchswert im Auge zu behalten. Selbst bei absolut sinkendem Nationaleinkommen können und müssen die Akkumulationsmöglichkeiten wachsen. Die Neuwertmasse stellt sich in einer zunehmenden Menge von Gebrauchswerten dar. Es ist dies eine ganz entscheidende Seite der Entwicklung der Arbeitsproduktivität und des gesellschaftlichen Reichtums überhaupt.[10] Es unterliegt doch keinem Zweifel, daß in dem Beispiel der Landwirtschaft die Masse des dort produzierten Neuwertes von 1950 bis 1964 absolut gesunken, die des vom konstanten Kapital übertragenen Wertes aber im Verhältnis dazu nur geringfügig gestiegen ist; man kann das aus der Freisetzung und Umschichtung von Beschäftigten ableiten. Anders ausgedrückt: der Neuwert ist beträchtlich gesunken, aber auch der Gesamtwert der landwirtschaftlichen Produktion ist gefallen — wenn auch weniger stark als der Neuwert. Die Gebrauchswertmasse ist aber in der gleichen Zeit, wie bereits oben erwähnt, ganz beträchtlich gewachsen. Folglich kann — bei gesunkenem Gesamtwert und gesunkenem Anteil des Neuwertes am Gesamtwert — eine größere Arbeitsbevölkerung als zuvor reproduziert werden.

Was anhand der Landwirtschaft dargestellt wurde, gilt natürlich analog für die gesellschaftliche Gesamtproduktion. Setzt man die hier behandelte, also nur die Ernährung der Arbeitsbevölkerung betreffende Produktion einmal als gesellschaftliche Gesamtproduktion — die Landwirtschaft entspräche dann der Abteilung II, die anderen Zweige der Abteilung I —, und geht man von der gegebenen Entwicklung der Beschäftigtenzahlen und der Relationen innerhalb und zwischen den Abteilungen aus, so kann man sagen, daß sich das Nationaleinkommen im Verhältnis zum gesellschaftlichen Bruttoprodukt verringert haben muß. Trotzdem aber zeigt sich eine beträchtliche Freisetzung von gesellschaftlicher Arbeit. Mit erheblich geringerem Gesamtaufwand an gesell-

[9] Berechnet nach Statistisches Handbuch für den Maschinenbau 1965, S. 264 f.
[10] Vgl. K. Marx, Grundrisse . . ., a. a. O., S. 247 f.

schaftlicher Arbeit konnte 1964 eine größere Bevölkerung oder eine gegebene Bevölkerung besser ernährt werden als 1950; rund 32% der gesellschaftlichen Gesamtarbeit von 1950 sind für andere Aufgaben freigeworden. Die Umschichtung von gesellschaftlicher Arbeit zugunsten der Produktion von Produktionsmitteln braucht also selbst bei sinkendem Anteil des Nationaleinkommens am gesellschaftlichen Bruttoprodukt nicht zu einer Verringerung der Akkumulationsmöglichkeiten zu führen.[11]

Jedoch kann man aus den dargelegten Prozessen keine Gesetzmäßigkeit einer notwendigen Verringerung des Nationaleinkommensanteiles am gesellschaftlichen Bruttoprodukt ableiten. Ebensowenig eine Gesetzmäßigkeit ständiger Umschichtung der gesellschaftlichen Arbeit zugunsten der Abteilung I.[12] Es ist im Gegenteil festzustellen, daß die Faktoren, die dieser Richtung des Umschichtungsprozesses entgegenwirken, im Laufe der Entwicklung an Kraft gewinnen. Gerade aus den wachsenden Anteilen der gesellschaftlichen Arbeit, die zur Produktion von Produktionsmitteln aufgewandt werden muß, ergibt sich doch die wichtige Schlußfolgerung: je höher der Anteil der vergegenständlichten Arbeit am gesellschaftlichen Produkt, umso größer ist auch die Bedeutung der Ökonomie der vergegenständlichten Arbeit für die Freisetzung von gesellschaftlicher Arbeit überhaupt. D. h., bei den heute bereits erreichten Größenordnungen müssen notwendigerweise Perioden eintreten, in denen sich der Fortschritt der Produktivkräfte in erster Linie in der Ökonomie der vergegenständlichten Arbeit darstellt. Solche Perioden, in denen sich das Verhältnis von vergegenständlichter zu lebendiger Arbeit entgegengesetzt wie oben geschildert entwickelt, lassen sich ja auch früher schon nachweisen. Aber es leuchtet ein, daß sich das Schwergewicht des Freisetzungsprozesses umso mehr auf die Ökonomie von vergegenständlichter Arbeit verlagern muß, je mehr ihr Anteil zunimmt. Je höher der Anteil der vergegenständlichten Arbeit steigt, umso mehr ist das Augenmerk des Kapitals zwangsläufig auf die Ökonomisierung des konstanten Kapitals gerichtet. Bei einem Anteil der Lohn- und Gehaltssumme am Gesamtumsatz von 3,6%, wie in der Mineralölverarbeitung, oder 3,9%, wie in der tabakverarbeitenden Industrie, ist eine 10%ige Lohnerhöhung für die Kapitalverwertung weniger bedeutsam, als eine Steigerung der vom konstanten Kapital herrührenden Kosten um 1%. Von einem bestimmten Punkt der Entwicklung ab wird daher die Ökonomie des konstanten

[11] Wir stoßen hier auf ein ganz anderes Problem, daß sicherlich in Zukunft eine Rolle spielen wird. Nicht nur der Anteil des Nationaleinkommens am Bruttoprodukt, sondern der Wert des Bruttoproduktes selbst muß abgenommen haben, während die Gebrauchswertmasse gestiegen ist. Setzt sich eine solche Entwicklung fort – und das entspräche an sich dem Gedanken, daß die lebendige Arbeit im Zuge des technischen Fortschritts mehr und mehr aus der Produktion verschwindet –, so vermindert sich die Rolle des Wertes überhaupt, während die des Gebrauchswertes steigt. Wir stoßen hier also auf das Problem des Wertes ganz allgemein, d. h. der Abnahme seiner Bedeutung, des Verschwindens des Wertes in der Zukunft, oder wie man es auch immer ausdrücken will, und der zunehmenden Bedeutung des Gebrauchswertes für die Zusammenhänge und die Entwicklung der gesellschaftlichen Produktion.

[12] Soweit es die materielle Produktion betrifft. Auf die anderen Zusammenhänge können wir hier nicht zu sprechen kommen. Hier sei nur soviel dazu gesagt, daß von einem bestimmten Punkt der Entwicklung an ein größerer Teil der freigesetzten Arbeit in die nichtproduktiven Bereiche fließt, so daß deren Anteil an der Gesamtbeschäftigung dann wächst.

Kapitals periodisch zum Hauptfaktor der Freisetzung von gesellschaftlicher Arbeit überhaupt. Unter diesen Umständen kann der Anteil der lebendigen Arbeit am gesellschaftlichen Gesamtprodukt zeitweilig durchaus steigen. Freilich leitet dieser Vorgang dann wiederum, in dialektischer Wechselwirkung, den umgekehrten Prozeß ein und nur dieser ist auch Ausdruck der gesetzmäßigen Tendenz der Entwicklung.

Von dem Problem der Akkumulationsmöglichkeiten der Gesellschaft her gesehen, spricht jedenfalls nichts dagegen, daß es sich bei der Umschichtung der gesellschaftlichen Arbeit zugunsten der Produktion von Produktionsmitteln tatsächlich um die gesetzmäßige Entwicklungstendenz in der Verteilung der gesellschaftlichen Arbeit handelt. Vieles spricht aber dafür. Einerseits die langfristige Tendenz der bisherigen Entwicklung. Andererseits auch die historische Entwicklungsperspektive. Es gibt heute schon mannigfaltige Beispiele für diese zukünftige Perspektive der Produktion, die alle zeigen, daß die vergegenständlichte Arbeit im Verhältnis zur lebendigen Arbeit in der langfristigen Tendenz weiter steigen muß. In der vollautomatischen Nahrungsmittelproduktion z. B. bedienen heute ein oder ganz wenige Arbeiter die gesamte Anlage; es ist klar, daß eine vielfache Zahl von Arbeitern zur Herstellung der Anlagen, Rohstoffe usw. dieser hochproduktiven Endproduktion nötig ist. Ähnliche Verhältnisse gibt es bereits in der Glühlampenproduktion, der Elektroneergieerzeugung, der Mineralölverarbeitung, der chemischen Industrie usw. Überall sinkt die Zahl der Beschäftigten im Verhältnis zu den enorm wachsenden Anlagen und verarbeiteten Rohstoffmengen.

In der Tat läßt sich anhand der Kostenstrukturen ein und desselben Produktionszweiges bei Anwendung unterschiedlicher technologischer Verfahren auch heute schon die gesetzmäßige Tendenz in der Umschichtung der gesellschaftlichen Arbeit erkennen. Man darf dabei nicht aus dem Auge verlieren, daß es sich bei den historischen Entwicklungsstufen immer um die Herausbildung völlig anderer, sehr viel produktiverer technologischer Verfahren, um den Übergang zu sehr viel höheren Stufen der Vergesellschaftung der Produktion handelt. Selbst wenn die wissenschaftlich-technische Entwicklung auf die Ökonomie der vergegenständlichten Arbeit gerichtet ist und auch zu ansehnlichen Einsparungen an vergegenständlichter Arbeit führt — das drückt sich darin aus, daß sich in bezug auf die Kostenstruktur, bei Produktionen gleicher Art und gleicher Größenordnung, im Laufe der Zeit der Anteil beispielsweise des Materialverbrauches zugunsten des Lohnanteiles verringert —, steigt dennoch beim Übergang zu einer neuen, höheren Stufe der Technologie und der Vergesellschaftung der Produktion der Anteil des verbrauchten zirkulierenden konstanten Kapitals am Gesamtwert des erzeugten Produktes. Dazu ein Beispiel aus dem westdeutschen Maschinenbau; die festgestellten Entwicklungstendenzen lassen sich jedoch in allen Bereichen der materiellen Produktion nachweisen. (Vgl. Tabelle 2)

Man kann nach der praktischen Erfahrung davon ausgehen, daß es sich bei den in der Tabelle dargestellten Größenklassen um Betriebe mit unterschiedlicher technologischer Produktionsbasis und auf unterschiedlicher Stufe der Vergesellschaftung der Produktion handelt. Vergleicht man nun die Entwicklung annähernd gleicher Größenklassen im Laufe der Zeit, so zeigt sich eine Ökonomie des zirkulierenden konstanten Kapitals. Man kann sogar sagen, daß diese Ökonomie so groß ist, daß sie die Erhöhung des variablen Kapitals annähernd wettgemacht hat. Es nimmt also nicht wunder, daß das Kapital —

Tabelle 2

Kostenstruktur in ausgewählten Größenklassen des westdeutschen Maschinenbaues 1958 und 1962

Größenklasse (Gesamtproduktion von ··· bis unter ··· DM)	Materialverbrauch und umgesetzte Handelsware	Brenn-, Treibstoff- und Energieverbrauch	Löhne, Gehälter und Sozialkosten
	in Prozent des Gesamtproduktionswertes		
	1958		
50.000 – 1 Mill.	35,3	1,9	32,9
50 Mill. und mehr	49,4	1,9	26,3
	1962		
100.000 – 1 Mill.	31,1	1,8	37,2
50 Mill. und mehr	47,8	1,9	30,2

Quelle: Statistisches Jahrbuch für die BRD 1961, S. 192 f. und 1965, S. 220 f.

unter den heutigen Bedingungen des Kräfteverhältnisses zwischen Kapital und Arbeit in der Welt – dieser Seite der technischen Revolution große Aufmerksamkeit schenkt. Vergleicht man jedoch den Anteil des zirkulierenden konstanten Kapitals in den unterschiedlichen Größenklassen, so zeigt sich, daß bei einem allgemeinen Übergang zu einer höheren Stufe der Produktion auch die vergegenständlichte Arbeit im Verhältnis zur lebendigen wachsen muß – trotz ihrer Ökonomie. Bei dem historischen Entwicklungsprozeß handelt es sich aber eben um diesen Übergang zu höheren Stufen der Produktion. Leider gibt es kaum Material, um diesen Einfluß der Fertigungstechnik auch in Klassen gleicher Größenordnung deutlich hervorzuheben. Ein Beispiel bietet jedoch die Hohlglaserzeugung. Hier weist die Kostenstrukturstatistik für das Jahr 1962 bei automatischer Fertigung (Größenklasse 2 bis 25 Mill. DM Gesamtproduktion) einen Anteil des Material-, Brennstoff-, Treibstoff und Energieverbrauches von 39,1% und einen Anteil der Löhne etc. von 28,8% aus, bei Handfertigung (Größenklasse 5–25 Mill. DM) dagegen von 25,1% bzw. 48,9%.[13] Hier wird die Tendenz zu wachsenden Anteilen der vergegenständlichten Arbeit, trotz Ökonomie des konstanten Kapitals, bei Übergang zu moderneren Fertigungsverfahren deutlich sichtbar.

Der Anteil des fixen Kapitals wird in dieser Kostenstrukturstatistik nicht einmal genau erfaßt. Dabei wächst gerade dieser Teil der vergegenständlichten Arbeit im Zuge der technischen Revolution – die Zahlen der Tabelle 1 weisen es aus – ganz besonders schnell. Angaben über den Anteil des fixen konstanten Kapitals am Gesamtprodukt und seine Entwicklung liegen für die westdeutsche Industrie nicht vor. Ein Vergleich der Entwicklung von Nettoproduktion und Investitionen in der westdeutschen Industrie und einigen ihrer Zweige läßt jedoch erkennen, daß sich auch dieser Anteil beträchtlich erhöht haben muß. (Vgl. Tabelle 3)

Sicherlich lassen sich gegen die hier vorgelegten Bemerkungen eine ganze Reihe von Einwänden erheben. Bei weitem nicht alle Zusammenhänge in

[13] G. Lange, Die Kostenstruktur in der Industrie, Wirtschaft und Statistik, Heft 9/1965, S. 582

bezug auf diese Problematik wurden untersucht oder voll durchdacht. Bei aller gebotenen Vorsicht scheint mir jedoch eines klar zu sein: Die gesetzmäßige Tendenz der langfristigen Entwicklung besteht in einer Umverteilung der gesellschaftlichen Arbeit zugunsten der Produktion von Produktionsmitteln und dieser Prozeß braucht die Akkumulationskraft der Gesellschaft in keiner Weise zu beeinträchtigen.

Tabelle 3

Index der Nettoproduktion und der Investitionen 1964
1950 = 100

	Industrie insges.	Mineralöl-verarb. Industrie*	Maschinenbau	Fahrzeugbau	Textilindustrie	Schuhindustrie
Nettoproduktion	308	854	323	730	189	197
Investitionen	460	1400	375	1100	221	203

*1963

Berechnet nach: Statistisches Jahrbuch für die BRD 1965, S. 246 ff.; R. Krengel, Produktionsvolumen und Produktionsfaktoren der Industrie im Gebiet der Bundesrepublik Deutschland, Vierteljahrshefte zur Wirtschaftsforschung, Heft 4/1963, S. 371 und 4/1965, S. 450

* * *

Abschließend noch ein Wort zu der vorrangigen Entwicklung der Abteilung I und den Spannungen zwischen den beiden großen Abteilungen der gesellschaftlichen Produktion, die sich in den vergangenen Jahren in einigen sozialistischen Ländern gezeigt haben. Diese Spannungen scheinen keineswegs auf der Überbetonung des Gesetzes von der vorrangigen Entwicklung der Abteilung I schlechthin zu beruhen. M. E. handelt es sich bei dieser Beziehung zwischen den beiden großen Abteilungen der gesellschaftlichen Produktion um eine rein technische Beziehung, die von dem gegebenen Entwicklungsstand und der gegebenen Entwicklungsrichtung der Produktivkräfte abhängig ist. Dies ist in dem Sinne zu verstehen, daß unter den jeweils gegebenen konkreten Bedingungen eine bestimmte Entwicklung der Abteilung II stets eine bestimmte und in der Regel auch schnellere Entwicklung der Abteilung I voraussetzt. Die erwähnten Spannungen sind m. E. darauf zurückzuführen, daß im Interesse einer schnellen Erweiterung des gesellschaftlichen Produktionspotentials das Nachziehen der Abteilung II zeitweilig vernachlässigt worden ist. Im Ergebnis dessen haben sich dann Disproportionen herausgebildet. Bei der Planung ist dabei eine wichtige Seite der Wechselbeziehung zwischen den beiden Abteilungen nicht genügend berücksichtigt worden: Es ist nicht nur so, daß eine bestimmte Entwicklung der Abteilung II eine solche der Abteilung I voraussetzt, sondern umgekehrt setzt auch eine bestimmte Entwicklung der Abteilung I eine solche der Abteilung II voraus. Jedenfalls ist das so, wenn man den ganzen Prozeß des Wachstums der gesellschaftlichen Produktion in seiner historischen Kontinuität betrachtet. Soweit nicht gesellschaftliche Arbeit durch die Ökonomie der vergegenständlichten Arbeit freigesetzt wird, hängt es weitgehend von der Entwicklung der Abteilung II, d. h. von dem Umfang der gesellschaftlichen Arbeit ab, der zur Reproduktion des materiellen Lebens der

Arbeitsbevölkerung notwendig ist, wie weit gesellschaftliche Arbeit zur erweiterten Reproduktion oder für andere Aufgaben zur Verfügung steht. Dieser Zusammenhang wurde eingangs betont. Noch auf einen weiteren Gesichtspunkt soll hier hingewiesen werden: Als Stimulans des Produktionswachstums spielt die Steigerung der Konsumgüterproduktion je Kopf der Arbeitsbevölkerung eine wesentliche Rolle; sie stellt einen echten, überaus wichtigen, zur Mobilisierung der schöpferischen Kraft des Volkes geeigneten materiellen Anreiz dar. Die Spannungen zwischen den beiden großen Abteilungen der gesellschaftlichen Produktion in den vergangenen Jahren scheinen also darauf zu beruhen, daß diese Seiten des Wechselverhältnisses in der Entwicklung beider Abteilungen noch nicht recht erkannt, jedenfalls aber — aus welchen Gründen auch immer — nicht genügend berücksichtigt wurden.

Konjunktur und Krise, Band 11, Seite 245–277 (1967)

Die Kritik am Gold-Devisen-Standard und die Perspektiven einer Reformierung der gegenwärtigen Organisation der internationalen Währungsbeziehungen im staatsmonopolistischen Kapitalismus

HARALD-DIETRICH KÜHNE

Seit dem Ende der fünfziger Jahre ergießt sich eine Flut von Kritiken, Plänen, Reformvorschlägen und Konzeptionen über die Zukunft des internationalen kapitalistischen Währungsmechanismus in die Öffentlichkeit. Bücher, Fachzeitschriften, Hochschulvorträge und Artikel in Tageszeitungen werden in stattlicher Anzahl diesem Thema gewidmet, zu dem sich neben bekannten bürgerlichen Wirtschaftswissenschaftlern auch Repräsentanten der Finanzoligarchie, der Regierungen, der staatlichen Zentralbanken und internationalen Finanzorganisationen äußern: die Reformierung der gegenwärtigen internationalen Währungsordnung ist sozusagen „Mode".

Vom Standort der marxistischen Währungstheorie stellte diese Diskussion zunächst die Bestätigung dafür dar, daß die Widersprüche im modernen kapitalistischen Währungssystem selbst nicht lösbar sowie ein Indiz für die zunehmende Verschärfung der chronischen Währungskrise im kapitalistischen Weltwirtschaftssystem sind. Zudem förderte die kritische Auseinandersetzung mit der Praxis moderner kapitalistischer Währungsbeziehungen eine Fülle von Fakten und Material für eine differenzierte Beurteilung staatsmonopolistischer Regulierungen im Bereich der internationalen Geldbeziehungen zu Tage.

Je umfangreicher, z. T. unübersichtlicher und uferloser die Auseinandersetzung über den künftigen Kurs der internationalen Währungspolitik wurde, desto mehr verstärkte sich der Eindruck, daß es weniger um die Verteidigung der beiden Leitwährungen Dollar und Pfund geht, als vielmehr um eine Anpassung des Währungsmechanismus an die veränderten Bedingungen der kapitalistischen Weltwirtschaft, die Dynamik der wissenschaftlich-technischen Revolution, den technischen und ökonomischen Strukturwandel und dessen Wirkungen auf die Bezugs- und Absatzmärkte. Mit anderen Worten: die internationalen Geldbeziehungen sollen so ausgestaltet sein, daß sie eine expansive Außenwirtschaftspolitik unterstützen und zugleich das staatsmonopolistische Herrschaftssystem aufrechterhalten helfen.

Im Grunde genommen erweisen sich die meisten Reformprojekte als die Konzipierung einer währungspolitischen „Vorwärtsstrategie", um auch den veränderten außenpolitischen Bedingungen (Überlegenheit des Sozialismus, Wachstum der antiimperialistischen Nationalstaaten) sowie den zunehmenden inneren Widersprüchen (Rolle der Arbeiterklasse und ihrer Verbündeten) gerecht werden zu wollen.

In den letzten Jahren ist deshalb immer deutlicher geworden, welcher Grad an Ernsthaftigkeit den einzelnen Vorschlägen beizumessen ist: abgesehen von den Träumereien an die Perioden des Goldstandards oder der Modernisierung überholter Thesen der bürgerlichen Ökonomie ist die Masse der Konzeptionen auf die Bedürfnisse der staatsmonopolistischen Praxis abgestellt. Es sei daran erinnert, daß das Sonderkreditabkommen des IWF („Allgemeine Kreditvereinbarungen von 10 Mitgliedsstaaten des IWF" – Pariser Club, 1962) sowie die Schaffung zusätzlicher spezieller Ziehungsrechte im IWF (1967) das Ergebnis solcher Reformpläne sind.

Unter diesen Aspekten ergibt sich die Notwendigkeit einer kritischen und prognostischen Beurteilung der bürgerlichen Reformbestrebungen im Bereich der internationalen Geldbeziehungen aus zweierlei Gründen:

1. Die ständige Beobachtung und langfristige Beurteilung der Währungsprozesse innerhalb des kapitalistischen Weltwirtschaftssystems gehört zur prognostischen und perspektivischen Arbeit unserer auf hohen Nutzeffekt und maximalen Zuwachs an Nationaleinkommen orientierten Außenwirtschaftspolitik. Die Ausnutzung und Anwendung von Erkenntnissen aus den internationalen Währungs-, Kredit-, Finanz-, Kapital- und Geldmarktoperationen gehört genauso zur Außenwirtschaft wie internationaler Handel, Industriekooperation, Lizenzgeschäfte.
2. Im wachsenden Maße wird für die Arbeiterklasse der kapitalistischen Staaten spürbar, daß Veränderungen im internationalen kapitalistischen Währungsmechanismus auch auf die inneren Märkte, ihre Kaufkraft und ihren Lebensstandard zurückwirken. Für demokratische Alternativprogramme ist deshalb die Kenntnis künftiger Entwicklungslinien der internationalen Währungspolitik von großer praktischer Bedeutung, nicht zuletzt, um die Exklusivität in der Behandlung solcher Fragen in den Händen weniger ausgesuchter Spezialisten zu durchbrechen.

I. Veränderte Wirkungsbasis für den Gold-Devisen-Standard

In der Öffentlichkeit und Literatur erweckt die seit Jahren andauernde Kritik am Gold-Devisen-Standard als der zur Zeit gültigen Organisationsform der internationalen Währungsbeziehungen im modernen Kapitalismus den Eindruck, als ob sie auf die Überwindung der Dollar- und Sterlingkrise gerichtet, auf die Erhaltung der Funktionsfähigkeit des IWF orientiert oder von der Sorge um mangelnde Liquidität im Welthandel diktiert sei. Je nach dem Grad der Verschärfung der Krise des kapitalistischen Währungssystems verlagert sich das Gewicht solcher Diskussionen entweder auf den einen oder anderen Schwerpunkt. In jedem Falle handelt es sich jedoch nur um *Symptome* eines viel tiefer liegenden *strukturellen* Problems: Entspricht das gegenwärtig praktizierte Organisationssystem der internationalen Geld- und Finanzbeziehungen weiterhin den Bedürfnissen der Sicherung des staatsmonopolistischen Herrschaftssystems, der Entwicklung der Produktivkräfte und der internationalen Arbeitsteilung, stellt es noch eine tragfähige Basis für die Bewältigung der zugespitzten widersprüchlichen Prozesse in der allgemeinen Krise dar?

Versucht man, sich einen Überblick über den Gesamtverlauf der Diskussion um den Gold-Devisen-Standard zu verschaffen, dann wird vor allem der *Systemmangel* im Gold-Devisen-Standard offensichtlich, der sich auch in den Hauptmotiven der Kritik widerspiegelt:

1. Die Kritik richtet sich gegen das Unvermögen des Währungssystems, automatische Anpassungsprozesse zwischen Binnen- und Außenmarkt zu garantieren und eine bessere „monetäre Disziplin" zu erreichen.

Hierbei handelt es sich vorwiegend um solche imperialistischen Staaten, die auf Grund ihrer ökonomischen Stärke fürchten, durch die internationale Währungsverflechtung in den Strudel der von einzelnen Ländern ausgehenden Krisen zu geraten.

2. Die Kritik richtet sich gegen das Risiko, das mit der Aufnahme von Leitwährungen als Währungsreserven zum Zahlungsbilanzausgleich eingegangen wird. Das USA- und britische Zahlungsbilanzdefizit birgt latent die jederzeitige Abwertung von Dollar und Pfund in sich, wobei die reale Höhe des Risikos weitgehend von der Verhaltensweise aller anderen Notenbanken abhängig ist. Da diese Problematik zugleich mit der Existenz eines funktionsfähigen internationalen Währungssystems gekoppelt ist, gibt es ein, wenn auch nicht allgemeines, so doch breites Interesse der Gläubigerländer zur Risikoabsicherung und berechtigte Chancen für eine Verminderung der im Gold-Devisen-Standard enthaltenen Risiken.

3. Die Kritik richtet sich schließlich gegen die wachstumshindernde Funktion des Gold-Devisen-Standards, indem dessen Mechanismus die internationale Liquidität zu stark begrenzt, statt auszuweiten, um die Widersprüche zwischen dem Wachstum der Produktivkräfte und den gesellschaftlichen Verhältnissen weiterhin aufzufangen. Dabei handelt es sich um die prophylaktische Sicherung zusätzlicher internationaler Kreditquellen, da der bisherige Kreditspielraum weitgehend ausgenutzt sei. Im Prinzip geht es darum, die Effektivität der internationalen Finanzbeziehungen aufrecht zu erhalten, die sich zuspitzenden Widersprüche erneut zu „glätten", abzufangen und abzuwälzen und damit den Währungsmechanismus in begrenztem Maße funktionsfähig zu halten.

Alle auf diesen Motiven aufbauenden Theorien und Vorschläge gehen direkt oder indirekt davon aus, daß eine Schwächung des gegenwärtigen kapitalistischen Währungssystems durch eine weitere Zuspitzung der chronischen Währungskrise sowie der akuten Konflikte in den Währungsbeziehungen die Positionen des Weltkapitalismus im ökonomischen Wettbewerb mit dem Sozialismus außerordentlich stark belastet.

Das Kernproblem der ganzen Diskussion — und damit auch der Realisierbarkeit von Reformplänen und -vorschlägen — besteht darin, daß zwar die *Organisation* der internationalen Währungsbeziehungen verändert werden, aber der *Funktionsmechanismus* des Währungssystems möglichst unangetastet bleiben soll.

Welche Wechselwirkungen bestehen zwischen diesen beiden Bereichen, können sie überhaupt getrennt werden?

Das Organisationssystem der internationalen Geld-, Finanz- und Kreditbeziehungen — auch „Währungsverfassung" genannt — ist ein Konglomerat gewohnheitsmäßiger, institutioneller und rechtlicher Regeln für die devisenmäßige Abwicklung der Beziehungen zwischen den einzelnen Währungsgebieten, für den Ausgleich der sich daraus ergebenden zwischenstaatlichen Überschüsse und Defizite und schließlich für die Reaktion der Wirtschaftspolitik der einzelnen Länder auf Veränderung ihrer Währungsreserven und Zahlungsbilanzposition. Es handelt sich also um einen begrenzten Ausschnitt aus dem Gesamtsystem der kapitalistischen Währungsbeziehungen.

Der Funktionsmechanismus stellt den inneren gesetzmäßigen Zusammenhang zwischen der Entwicklung des Wertes der nationalen Geldeinheiten, dem Stand der Arbeitsproduktivität und dem Zustand des inneren Geldumlaufs sowie der internationalen Konkurrenzposition, sichtbar im Status der Zahlungsbilanz und in den Bewegungstendenzen der Valutakurse dar. Die funktionelle Abhängigkeit aller dieser Kategorien und Größen beruht auf der Wirkungsweise des *Wertgesetzes* im nationalen und internationalen Maßstab.

Für den monopolistischen Kapitalismus ist ein spezifisches Modell des währungspolitischen Funktionsmechanismus typisch, das insgesamt ein außerordentlich anfälliges und labiles Währungssystem ergibt.

a) Da die einzelnen Elemente des Währungsmechanismus (wie Preis, Geldumlauf, Kredit, Valutakurs, Zahlungsbilanz) jeweils für sich in das staatliche Regulierungssystem integriert worden sind, ist die einem Funktionsmechanismus eigentümliche innere Verflechtung. seiner Elemente und der damit gekoppelte eigenständige Regelkreis und Regeleffekt weitgehend verlorengegangen.
b) Da ein funktionsfähiges Währungssystem eine der Voraussetzungen für ein intaktes Wirtschaftsleben und einen mehr oder weniger flüssig verlaufenden Reproduktionsprozeß bildet, wird durch ein System von staatlichen Lenkungsmaßnahmen der innere und selbsttätig wirkende Funktionsmechanismus der Währungen ersetzt, so daß dessen Effektivität nur bei bleichzeitiger Zunahme von Widersprüchen und Konflikten möglich ist, wobei der Regelprozeß nicht von innen, sondern nur von außen funktionstüchtig erhalten werden kann.
c) Der einem Regelprozeß immanenten ständigen Elastizität und Reagibilität auf Veränderungen der diesen Prozeß bestimmenden wirtschaftspolitischen Daten (Nationaleinkommen, Produktion, Außenhandel, Absatz auf dem Binnenmarkt) kann ein staatliches Lenkungssysten nur bedingt, d. h. mit Zeitverzögerungen und Fehlentscheidungen folgen, so daß bei der Anpassung an den wachsenden Vergesellschaftungsgrad der Produktivkräfte bei Aufrechterhaltung des monopolistischen Herrschaftssystems laufend Reibungsverluste und Störanfälligkeiten zu verzeichnen sind, die sich in akuten Währungskrisen äußern.[1]

Unter solchen Bdingungen tendiert das Organisationssystem der internationalen Währungsbeziehungen — selbst ein supranationaler Akt staatlicher Lenkungsmaßnahmen — zu einer Verselbständigung und einer relativen Isolierung von den nationalen Währungsprozessen. Auf der einen Seite soll den Wirkungen staatlicher Lenkungen im nationalen Währungsbereich freie Bahn verschafft, auf der anderen Seite ihrem Übergreifen auf den Bereich der internationalen Beziehungen durch „Verhaltensklauseln" vorgebeugt werden. Daraus folgt, daß das Modell des währungspolitischen Funktionsmechanismus und Organisationssystems der internationalen Währungsbeziehungen zwar innerlich zusammenhängen, jedoch der Funktionsmechanismus entsprechend dem Grad seiner Konflikte und Reibungen (u. a. verursacht durch Struktur- und Überproduktionskrisen, Stand der internationalen Arbeitsteilung) durchaus *differenzierte Organisationssysteme* bedingen kann.

[1] Ausführlich wird der Funktionsmechanismus beschrieben in: Kühne, „Der Funktionsmechanismus des modernen kapitalistischen Währungssystems", Wissenschaftliche Beiträge der Martin-Luther-Universität Halle-Wittenberg, Halle, Heft D 3 sowie „Währungspolitik und Reproduktionsprozeß im staatsmonopolistischen Kapitalismus", in: Konjunktur und Krise, 1965, Heft 1, S. 45 ff.

Dem Modell des Funktionsmechanismus der Währungen im staatsmonopolistischen Kapitalismus entspricht prinzipiell die Organisation der Währungsbeziehungen nach dem *Typ der Papierwährungen* mit folgenden Kennzeichen:

(1) Das Papiergeld ist alleiniges gesetzliches Zahlungsmittel.
(2) Es ist in die Geldware Gold nicht frei konvertierbar.
(3) Dem Papiergeld wird ein staatlicher Zwangskurs zum Gold verliehen.
(4) Der Handel mit monetärem Gold wird staatlich reglementiert.
(5) Für die Emission von Papiergeld gibt es keine spontan wirkende oder ausgelöste Mengenbegrenzung.

Am meisten ausgeprägt spiegelt sich dieser Währungstyp in den *reinen Clearing-Währungen* mit Währungsautarkie, strenger Devisenzwangswirtschaft, Bilateralismus, Ausgleich der Zahlungsbilanzen durch Kompensation der Handelsgeschäfte, Ersetzung der Valutakurse durch technische Umrechnungssätze wider.

Entsprechend den unterschiedlichen Bedingungen des konjunkturellen Zyklus, des Internationalisierungsgrades der Wirtschaftsbeziehungen und des Ausmaßes der Inflation auf den nationalen Binnenmärkten — und damit entsprechend dem staatlichen Interventionsgrad in die inneren funktionalen Zusammenhänge zwischen den Elementen des Währungsmechanismus — wird dieser Typ der Papierwährung jedoch auch *modifiziert* wirksam, besonders in zwei Systemen der Währungsorganisation:

— *Goldbarren- oder Goldkernwährungen*: Diese unterscheiden sich von der Goldwährung vor allem dadurch, daß Goldmünzen nicht als Geld zirkulieren (abgesehen von der Rolle der aus dem Umlauf gezogenen Goldmünzen als Schatzmittel), sondern daß Banknoten nur gegen Gold in Barrenform eingelöst werden. Diese Barren werden angesichts ihres hohen Wertes nicht für die Zirkulation auf dem Binnenmarkt, sondern in der Regel nur für den Ausgleich des Saldos der Auslandszahlungen verwandt.
Typisch für den Goldbarrenstandard war die Währungsverfassung in England von 1925—1931. Da ein Goldbarren 8000 Dollar kostete, war es unmöglich, diese Barren als Geldzirkulationsmittel zu benutzen. Diese Barren konnten lediglich als Akkumulationsmittel dienen. Bei dieser Regelung stand der Geldumlauf auf dem Binnenmarkt in keinem Zusammenhang mit der Höhe der vorhandenen Goldbarren.
Auch bei dieser Organisationsform der internationalen Währungsbeziehungen war die teilweise Heranziehung von Devisen zur Währungsreserve möglich. So in Deutschland, als 1924 die Reichsmark-Währung als Goldkernwährung mit anfangs suspendierter Einlösungspflicht konstituiert und später eine 25%ige Deckung der Währung durch Devisen praktiziert wurde.[2]

— *Golddevisenwährung*: Hier ist das Gold nicht nur wie beim Goldbarrenstandard aus der Zirkulation gezogen, sondern es dient mangels ausreichender Goldbestände auch nur noch *indirekt* zum Vergleich der national unterschiedlichen Währungen, indem die Währungseinheit eines Landes in der Regel auf die Einheit des Landes bezogen wird, in dem die Masse der Goldvorräte konzentriert ist.

[2] Veit, Grundriß der Währungspolitik, Frankfurt/M. 1961, S. 120

Für die Organisation der internationalen Währungsbeziehungen ergibt sich daraus:

1. Die Währungsreserven sind aus Gold und solchen internationalen Zahlungsmitteln zusammengesetzt, die auf Länder lauten, in denen Einlösepflicht in Gold besteht („Gold-Exchange-Standard“).
2. Im Unterschied zur Goldbarren(-kern)-Währung treten neben das Gold als bisher einziges Ausgleichmittel der Zahlungsbilanz „Golddevisen“, „Leitwährungen“, „Reservewährungen“ als zusätzliches Instrument des Bilanzausgleichs.
   Gold und Golddevisen sind dabei keine gleichwertigen Komponenten in der Währungsreserve, da anders als Gold, das einmal erworben eine bleibende Reservemasse darstellt, Golddevisen nur kurzfristige Forderungen gegen die Leitwährungsländer, also Kredite verkörpern, die jederzeit kündbar, d. h. in Gold liquidisierbar sind.
3. Im Unterschied zur Goldwährung unterliegen die auf Leitwährungsländer lautenden Devisen keiner unbeschränkten gesetzlichen Goldeinlösepflicht[3], sondern nur die *offiziellen* Guthaben (Devisen im Besitz der Zentralbanken) werden vereinbarungsgemäß in Gold umgewandelt. Private Guthaben können erst — nach Maßgabe der Devisengesetze ihres Landes — über ihren Ankauf durch die Währungsbehörden – in Goldbarren umgewandelt werden. („Currency-Reserve-Standard“).[4]
4. Analog dem Goldstandard werden Gold und Golddevisen gemeinsam zur Stützung der Valutakurse eingesetzt mit dem Ziel, deren Schwankungen auf eine bestimmte „Bandbreite“ (= Abweichungsgrad von der Goldparität) zu begrenzen („Deviseninterventionswährung“).[5]

Von ihrem *ökonomischen Charakter* her entspricht der Gold-Devisen-Standard als Abart der Papierwährung dem Modell des Funktionsmechanismus der chronischen Währungskrise insofern, als durch Einflechtung bestimmter Instrumente des Goldstandards *begrenzte* eigenständige Regel- und Anpassungsprozesse unter Ausnutzung der funktionalen Abhängigkeit der einzelnen Elemente des Währungsmechanismus freigegeben werden, die staatliche Lenkung der Geldprozesse nicht beseitigt, sondern nur auf bestimmte Bereiche und Daten konzentriert wird.

Eine solche Ausgestaltung der Währungsorganisation hat oft zu Spekulationen über eine „Sonderform des Goldstandards“[6], „Goldwährung ohne Goldumlauf“,[7] „manipulierten Goldstandard“[8] Anlaß gegeben, ohne daß dafür eine genügende theoretische Rechtfertigung besteht:

Das System der Gold-Devisen-Währung beruht auf einer vom Wirken des Wert- und Geldumlaufgesetzes differenzierten und modifizierten Ausnutzung der objektiven Anforderungen an die Konvertibilität der Geldzeichen.

[3] „Weder bestehen in den Gläubigerländern echte Devisenwährungen, noch hat Amerika eine echte Goldwährung“, Veit, a. a. O., S. 125

[4] Nach Machlup, Die Pläne zur Reform des internationalen Geldwesens, (Kieler Vorträge NF 23), Kiel 1962, S. 5

[5] Kraus, O., in: „Internationale Währungs- und Finanzpolitik“, Berlin 1961, S. 79

[6] Veit, a. a. O., S. 112 ff

[7] Palyi, Währungen am Scheideweg, Frankfurt/M. 1960 S. 59

[8] Emminger, Währungspolitik im Wandel der Zeit, Frankfurt/M. 1966, S. 204

Die von Marx formulierte *Gesetzmäßigkeit der allgemeinen Konvertibilität in Gold* bringt die objektiven Anforderungen an jedes Geld, das als Goldstellvertreter in der Zirkulation fungiert, zum Ausdruck, indem der Wert des Geldzeichens dem von ihm verkörperten Wert und der Menge Goldes entsprechen muß.

> „Konvertibilität – legal oder nicht – also bleibt Anforderung an jedes Geld, dessen Titel es zu einem Wertzeichen macht, d. h. es als Quantität einer dritten Ware gleichsetzt."[9]

Marx konkretisiert das Gesetz der Konvertibilität in folgender Weise:

– Konvertibilität in Gold und Silber ist Maß des Wertes jedes Papiergeldes, das seine Denomination von Gold oder Silber erhält.
– Ob der Nominalwert des Geldes dem Realwert entspricht, muß die „wirkliche Konvertibilität" beweisen. Sinken des Realwertes unter den Nominalwert bedeutet Entwertung des Geldes.
– Übereinstimmung von Nominal- und Realwert des Geldes „Wirkliches Nebeneinanderlaufen, Sich-Vertauschen, ist Konvertibilität."[10]

Daraus geht hervor, daß die Wirkung dieser objektiven Anforderungen ursprünglich weit über den Bereich internationaler Devisentransaktionen hinaus ging und die Wirkungsrichtungen des den Funktionsmechanismus der Währung bestimmenden Wert- und Geldumlaufgesetztes und der die Währungsorganisation bestimmenden Gesetzmäßigkeiten der Konvertibilität weitgehend konform verliefen (Einheit von Gold- und Devisenkonvertibilität, materieller Nachweis des Wertes der Währung in Gold war Indiz für gerechtfertigten Geldumlauf und realen Zahlungsbilanzausgleich).

Diese Identität schlug im staatsmonopolistischen Kapitalismus in eine Abweichung und Gegenläufigkeit der Wirkungsrichtung beider Gesetzmäßigkeiten um:

a) Die Goldkonvertibilität steht mit dem Prozeß der Währungssicherung auf dem Binnenmarkt in keinem Zusammenhang mehr. Das zeigt sich in der Demonetisierung des Goldes im Geldumlauf des Binnenmarktes, in der Verstaatlichung der Goldvorräte sowie in der staatlichen Kontrolle aller Goldbewegungen. Die Goldreserven haben im staatsmonopolistischen Kapitalismus in erster Linie als Währungsreserve (Zahlungsbilanzreserve, Weltgeldreserve) zu dienen. Ihre Entwicklung wird deshalb von anderen Gesichtspunkten als von denen des Wertes der Währungen bestimmt. (Z. B. von der Struktur des Außenhandels, dem Grad der Militarisierung der Volkswirtschaft, Kapitalexport usw.). Die Goldreserven stehen auch mit der umlaufenden Geldmenge auf dem Binnenmarkt in keinem direkten Wechselverhältnis, da die Emission von Geldzeichen von den Zentralbanken nach den Gesichtspunkten der Finanzierung des kapitalistischen Reproduktionsprozesses, der Finanzierung der Haushalte und der Kreditexpansion vorgenommen wird. Bestehende Deckungsklauseln für den inländischen Geldumlauf (z. B. in den USA) sind deshalb formal und besitzen für die Entwicklung des Geldumlaufs keine ökonomische Wirksamkeit.

[9] Marx, Karl, „Grundrisse der Kritik der Politischen Ökonomie, Berlin 1953, S. 53
[10] Ebenda, S. 52

b) Die durch Existenz einer Devisenzwangswirtschaft gesicherte Einschränkung der Goldkonvertibilität wird in den internationalen Beziehungen durch Demonetisierung des Goldes in Form des Ersatzes des Währungsgoldes durch Devisen verschärft. Die Funktionsfähigkeit der Währungsorganisation wird dabei durch Schaffung von „internationalem Kreditgeld" aufrechterhalten: Ähnlich wie auf den nationalen Binnenmärkten sind darunter solche Devisen (im internationalen Zahlungsverkehr handelt es sich vor allem um Buchgeld) aufzufassen, die nicht in vollem Maße in Gold eingelöst werden können, da die Höhe dieser Devisen die Goldvorräte übersteigt. Vielmehr zirkulieren solche Devisen auf Grund der wechselseitigen Verschuldung in den Zahlungsbeziehungen, deren Saldo durch Gutschrift auf Währungskonten (Valutaguthaben) erfolgt.
Der *Widerspruch zwischen Deckung und Sicherung* der Währung wird also durch den *Widerspruch zwischen Gold- und Devisenkonvertibilität* weiter verschärft.

c) Eine solche Durchsetzung der objektiven Anforderungen an die Konvertibilität wirkt auf den inneren Wirkungsmechanismus der Währung negativ zurück:
(a) Die Abweichungen zwischen offizieller Goldparität und tatsächlichem Goldgehalt der nationalen Geldeinheiten treten auf dem Außen- und Binnenmarkt in unterschiedlichen Dimensionen in Erscheinung. Während auf den Außenmärkten die Valutakursschwankungen innerhalb der „Interventionspunkte" die reale Bewertung der Währung nur sehr ungenau und verzerrt wiedergeben, wird das volle Ausmaß der Abweichungen in der Bewertung der Währungen infolge Inkonvertibilität in Gold erst auf dem Binnenmarkt spürbar.
(b) Die damit verbundene Abwälzung von Widersprüchen, Konflikten und Reibungsverlusten auf den inländischen Währungsmechanismus läßt diesen gegenüber der internationalen Währungsorganisation weitaus störanfälliger und komplizierter werden. Das Prinzip der Währungsdeckung durch „Golddevisen" verschärft diese Unsicherheit: Die Funktionstüchtigkeit des Gold-Devisen-Standards wird wesentlich durch die Verschuldungs- bzw. Kreditierungskapazität der Länder mit Goldeinlösungspflicht bestimmt. Dabei kann jedoch das Streben nach Aufrechterhaltung fester Kursrelationen auf dem Wege erhöhter internationaler Liquidität (sog. „inflatorischer Effekt" des Gold-Devisen-Standards) von den Leitwährungsländern dann durchkreuzt werden, wenn die innere Entwertung ihrer Währungen die Gefahr einer Vertrauenskrise heraufbeschwört und die Stabilisierungsmaßnahmen auf dem Binnenmarkt notwendigerweise den Liquiditätszufluß in den internationalen Währungsorganismus stoppen („deflatorischer Effekt").

> „Mit allem Ernst und Nachdruck ist aber die Frage zu stellen, ob ein solches Bestehen auf dem Privileg des Hauptreservelandes und seine Ausnutzung zum Zwecke einer nichtzahlungsbilanzkonformen inneren Geldpolitik mit der Stellung und Verantwortung des Weltbankiers vereinbar ist."[11]

Währungstechnische Ausgestaltung und die Durchsetzungsformen der gesetzmäßigen Konvertibilitätsbedingungen machten den Gold-Devisen-Standard zu jenem Organisationssystem internationaler Währungsbeziehungen, das gerade

[11] Röpke, W., Frontlinien der Währungsdiskussion, in: Außenwirtschaft, Zürich/St. Gallen, Nr. III-IV/65, S. 98

den politischen und ökonomischen Verhältnissen des *Übergangs zum staatsmonopolistischen Kapitalismus* entsprach. Die Grundzüge einer solchen Organisation wurden zwar schon 1922 auf der Währungskonferenz in Genua formuliert, beim Gold-Barren-Standard war schon ein Vordrängen von Elementen der Devisenwährung zu beobachten, jedoch war die Devisenkomponente im Gold-Devisen-Standard zu wenig durch internationale Kooperation ausgefeilt, so daß sie in dieser Periode eher hemmend als stimulierend auf den monopolkapitalistischen Reproduktionsprozeß wirkte. Die entscheidende Wende trat erst durch das Abkommen von Bretton Woods 1944 ein: Das System der Devisendeckung wurde durch die Demonetisierung des Goldes auf dem Wege der Schaffung von Leitwährungen sowie durch Ausweitung des internationalen Kreditmechanismus (IWF-Kredite) vervollständigt.

Das Bretton-Woods-Abkommen konzipierte zugleich bestimmte Verhaltensregeln bei der Abwicklung internationaler Geldbeziehungen: den Grundsatz der Devisenkonvertibilität, Schwankungen von Valutakursen innerhalb geringer Grenzen und Genehmigungspflicht für Währungsabwertungen. Unter diesem Gesichtspunkt handelt es sich dabei schon nicht mehr um einen *Gold*-Devisen-Standard, sondern um einen *Dollar*-Devisen-Standard oder „Bretton Woods-Standard".

Die Funktionstüchtigkeit einer solchen internationalen Währungsorganisation beruhte indessen auf den spezifischen Interessen der kapitalistischen Industrieländer in der Periode des Übergangs zum staatsmonopolistischen Kapitalismus.

— Trotz internationaler währungspolitischer Zusammenarbeit ist die Autonomie des inneren Währungssystems nach wie vor gewährleistet, der unterbrochene gesetzmäßige Zusammenhang zwischen der Entwicklung der Währungsreserven und dem inneren Geldumlauf ermöglicht trotz Abbau bestimmter Seiten der Devisenzwangswirtschaft[12] eine nationale Steuerung der Währungspolitik zur Durchsetzung eigener aggressiver und expansionistischer Ziele der Monopolbourgeoisie.

— Die Aufrechterhaltung sog. fixer Valutakurse durch die Inanspruchnahme von internationalen Devisenkrediten zur Intervention auf den Devisenmärkten entspricht den Bestrebungen, bei der Abwicklung des internationalen Handels einige stabile Elemente einzubauen und das Währungsrisiko zu verringern.

— Die Ausweitung der Devisenkonvertibilität und deren Sicherung durch die Internationalisierung des Gold-Devisen-Standards trägt den Internationalisierungstendenzen des Wirtschaftslebens und den Erfordernissen eines raschen Wachstums der Produktivkräfte in der Weise Rechnung, daß durch Abbau internationaler Handels- und Währungsschranken der Austausch qualitativ hochwertiger Erzeugnisse mit relativ niedrigen Produktionskosten gefördert wird, der Kampf um neue Märkte und Einflußsphären vom Währungssystem her nicht behindert wird. Die Ausdehnung des internationalen kapitalistischen Handels seit dem 2. Weltkrieg ist zweifellos durch diesen Umstand wesentlich beeinfluß worden.

[12] Vgl. Kühne, Möglichkeiten und Grenzen staatsmonopolistischer Liquiditätsregulierungen im Rahmen der internationalen währungspolitischen Kooperation, in: Konjunktur und Krise 2/66, S. 132 ff.

— Der Gold-Devisen-Standard in seiner IWF-Variante ermöglicht es, die ungleichmäßige Verteilung der Goldreserven zu überbrücken, er unterstützt das währungspolitische Hegemoniestreben der Schlüsselwährungsländer und die wirtschaftliche Blockbildung der kapitalistischen Industriestaaten untereinander sowie die Aufrechterhaltung der Arbeitsteilung mit den Entwicklungsländern einschließlich einer „Überwachung" der nationalen Währungen durch internationale Finanzorganisationen unter Kontrolle der stärksten Industrieländer.

Trotz der Übereinstimmung des Gold-Devisen-Standards mit den Bedingungen des entstehenden staatsmonopolistischen Kapitalismus geriet die internationale Organisation der Währungsbeziehungen bald nach völliger Ausreifung aller Elemente und Funktionsbestandteile des staatsmonopolitischen Währungssystems in einen nicht zu übersehenden Interessenkonflikt mit den sie bedingenden ökonomischen und politischen Grundlagen. Die entscheidende Ursache liegt offensichtlich darin, daß *wichtige, durch die wissenschaftlich-technische Revolution bedingte qualitative Veränderungen im staatsmonopolistischen Herrschaftssystem den strukturellen Systemmangel des Gold-Devisen-Standards voll in Erscheinung treten lassen*, so daß die internationale Geldordnung den von der technischen Revolution ausgehenden Belastungen für das politische und ökonomische Herrschaftssystem nicht mehr gewachsen ist. Die Umwälzungen der Produktionsprozesse, die Veränderung der Rohstoff- und Energiebasis, die Chemisierung, die rasche Entwicklung der Elektronik, der Übergang zur Automatisierung und die Einführung industriemäßiger Methoden in der Landwirtschaft bedeuten eine rasche Zunahme der Vergesellschaftung der Produktion und der wissenschaftlichen Forschung. Die Entwicklung der Produktivkräfte „stellt damit Anforderungen an das Monopolkapital, die dessen Potenzen weit übersteigen und zwangsläufig in einem ständigen Einsatz des imperialistischen Staates zur Gewährleistung der Reproduktion des Kapitals überleiten müssen."[13]

An der Oberfläche wird dieser Prozeß in einem Konflikt zwischen dem aus der technischen Revolution folgenden wirtschaftlichen Wachstum und der für die Erhaltung der sozial-ökonomischen Machtposition des Monopolkapitals erforderlichen Stabilität sichtbar:

> „So ist unser System also ein ‚dualistisches Währungssystem' geworden. Diese Dualität der inneren und äußeren wirtschaftspolitischen Zielsetzungen — oft auch als das magische Dreieck bezeichnet — stellt immer von neuem schwierige Probleme für die praktische Währungs- und Wirtschaftspolitik. Von der erwähnten Grundentscheidung her sind alle übrigen Elemente der internationalen Währungsordnung — seien es die Spielregeln der Zahlungsbilanzpolitik, sei es die internationale Kooperation, sei es die Bereitstellung von internationaler Liquidität aufs tiefste beeinflußt worden und werden noch weiter beeinflußt."[14]

> „International gesehen neigt das Geld leichter dazu, in Unordnung zu geraten, als intern, weil sein reibungsloses Funktionieren nicht nur von der störungsfreien Entwicklung der Binnenwirtschaft verschiedener Länder, sondern auch davon abhängt, daß die nationalen Wirtschaften und die allgemeine Wirtschaftspolitik nicht aus dem Gleichschritt geraten: . . . Statt daß das Geld für den internationalen

[13] Gündel/Heininger/Hess/Zieschang: Zur Theorie des staatsmonopolistischen Kapitalismus, Berlin 1967, S. 9

[14] Emminger, a. a. O., S. 204

Handel den Weg ebnet und ihn erleichtert, führt dies dann dazu, daß die Freiheit des Handels und sogar das binnenwirtschaftliche Wachstum und die Vollbeschäftigung geopfert werden, um eine bestimmte Form oder einen besonderen Aspekt des monetären Mechanismus zu erhalten."[15]

Im einzelnen wirken sich folgende Faktoren negativ auf eine langfristige Funktionsfähigkeit des Gold-Devisen-Standards aus:

1) Die technische Revolution bedeutet tiefgreifende Umstrukturierungen in der Weltwirtschaft, aber auch in den nationalen Volkswirtschaften. Der durch die Entwicklung der Produktivkräfte und der modernen Technik und Wissenschaft ausgeübte Zwang zur Großserienproduktion drängt zur internationalen Verflechtung und Integration der Märkte. Die daraus folgenden mehr oder weniger elastischen Anpassungsprozesse finden durch den Organisationsmechanismus des Gold-Devisen-Standards eine Schranke, da infolge der Trennung zwischen der Entwicklung der Wert- und Geldkategorien auf dem Außenmarkt (konzentriert sichtbar in den Währungsreserven) und auf dem Binnenmarkt (sichtbar im inländischen Geldvolumen) die notwendigen Anreize zur Strukturveränderung verlorengehen. Damit gerät über kurz oder lang der Wert der einheimischen Währung unter Druck: Die Wechselbeziehungen zwischen der überalterten Industriestruktur Großbritanniens, seiner zurückbleibenden Arbeitsproduktivität, zurückgehenden Exportfähigkeit und dem Vertrauensschwund gegenüber dem Pfund in dem letzten Jahrzehnt sind dafür ein prägnantes Beispiel.

Das Ausmaß der ungenügenden Anpassung der einzelnen Volkswirtschaften an die internationalen Entwicklungstrends in Produktion, Technik, Wissenschaft und Arbeitsteilung werden u. a. in den unterschiedlichen Entwicklungsreihen der inländischen Großhandelspreise sichtbar:
Dieser mangelnde „Gleichschritt" muß notwendigerweise im System der internationalen Geldbeziehungen zu erheblichen Disproportionen, sog. „Ungleichgewichten" der Zahlungsbilanzen führen. Darin wird der eigentliche Struktur-

Tabelle 1

Entwicklung der Großhandelspreise kapitalistischer Industrieländer

1958 = 100	1960	1961	1962	1963	1964	1965	1966
USA	100	100	100	100	100	102	105
Großbritannien	101	100	100	102	106	107	109
Westdeutschland	100	102	103	104	104	107	109
Frankreich	107	110	113	117	119	121	123
Italien	98	98	101	106	110	112	113
Japan	102	103	101	103	103	104	108
Kanada	101	102	105	107	108	110	114

Quelle: Monthly Bulletin of Statistics, May 1967, S. 136 ff.

mangel des Gold-Devisen-Standards vollends sichtbar. Internationale Liquiditätsschwierigkeiten, akute Währungskrisen, Umschichtungen im System der Devisenbewirtschaftung, Herausbildung neuer währungspolitischer Integrationsformen sind äußerliche Symptome der ungenügenden Reaktionsfähigkeit

[15] Harberler,G., Geld in der internationalen Wirtschaft, Hamburg 1963, S. 11

der einzelnen nationalen Märkte auf die veränderten Bedingungen in der Entwicklung von moderner Technik und Wissenschaft.

Die zusammengefaßte Zahlungsbilanz des kapitalistischen Wirtschaftsgebietes spiegelt dies wider:

Tabelle 2

Zahlungsbilanz des kapitalistischen Weltwirtschaftssystems

(1a) Ertragsbilanz gegenüber USA
(1b) Ertragsbilanz gegenüber Westeuropa
(1c) Ertragsbilanz gegenüber sonst. Ländern
(2) Gesamtertragsbilanz
(3) Kapitalbilanz einschl. Fehler
(4) Gold- und Devisenbilanz (einschl. Nettopos. IWF)
(5) Verkauf von produziertem Gold für monetäre Zwecke

		Saldo in der Bilanz (in Md. $)		
		USA	Westeuropa	sonstige Staaten
1963	1a	–	−1,2	−2,0
	1b	+1,2	–	−0,3
	1c	+2,0	+0,3	–
	2	+3,2	−0,9	−2,3
	3	−5,3	+2,6	+3,1
	4	−2,1	+1,7	(+0,8
	5	–	–	(+0,8
1964	1a	–	−1,9	−3,9
	1b	+1,9	–	0
	1c	+3,9	0	–
	2	+5,8	−1,9	−3,9
	3	−7,0	+3,5	+3,6
	4	−1,2	+1,6	(−0,3
	5	–	–	(+0,8
1965	1a	–	−1,1	−3,2
	1b	+1,1	–	+0,3
	1c	+3,2	−0,3	–
	2	+4,3	−1,4	−2,9
	3	−5,4	+1,9	+3,5
	4	−1,1	+0,5	+0,6
	5	–	–	+0,2

Quelle: 36. Jahresbericht der BIZ, Basel, S. 97

2) Mit der Strukturwandlung erfordert die wissenschaftlich-technische Revolution zugleich ein hohes Maß an Flexibilität und Disponibilität in den einzelnen Teilsystemen. Die Organisation des Gold-Devisen-Standards trug dieser Forderung u. a. durch eine modifizierte Devisenzwangswirtschaft und Veränderungen der Konvertibilitätsbedingungen Rechnung. Damit wurden jedoch spontane Wirkungskräfte mobilisiert, die den Rahmen des Gold-Devisen-Standards sprengen und das währungspolitische Regulierungssystem empfindlich beeinträchtigen. Internationale Devisenspekulationen, „hot-money-Bewegungen",

Verselbständigung der Devisenmarktoperationen, Widersprüche zwischen Geld- und Kapitalmarkt und schließlich Zunahme der privaten Goldhortung sind äußerliche Kennzeichen solcher Prozesse, die das Liquiditätspotential des Gold-Devisen-Standards außerordentlich strapazieren, das Festhalten an einem überholten Goldpreis immer schwieriger gestalten und die strukturelle Schwäche der Leitwährungen akut zuspitzen. Die staatsmonopolistischen Möglichkeiten von Gegenmaßnahmen münden schließlich in eine Verschärfung der Devisenzwangswirtschaft (Zinsausgleichsteuer in USA, Kuponsteuer in Westdeutschland), die objektiv dem Gold-Devisen-Standard selbst seine Wirkungsbasis entzieht.

Die wachsende private Goldhortung und der Rückgang des Goldzuflusses in die internationale Liquiditätsmasse spiegeln die Krise um die Leitwährungen genauso wider wie die Zunahme spontan regulierender Elemente im Funktionsmechanismus der Währungen. Die Tendenz einer Remonetisierung des Goldes ist eine unausbleibliche Folge der Zuspitzung der Währungskrise, aber auch der Internationalisierung des Wirtschaftslebens und der elastischen Anpassung an den Strukturwandel in der technischen Revolution unter staatsmonopolistischen Bedingungen.

Tabelle 3

Verwendung des produzierten Goldes im kapitalistischen Weltwirtschaftssystem

	Staatliche Ankäufe	Private Ankäufe		Summe
		gewerbliche Zwecke	Private Hortung	
1953	455	—	—	465
1954	670	—	—	300
1955	665	—	—	350
1956	490	165	470	635
1957	690	195	390	585
1958	680	200	390	590
1959	750	220	455	675
1960	345	265	765	1030
1961	600	285	630	915
1962	330	330	830	1160
1963	840	325	735	1060
1964	750	430	690	1120
1965	240	—	—	1750
1966	−95	—	—	1535

Quelle: 37. Jahresbericht der BIZ, S. 122

3) Die qualitativen Veränderungen im staatsmonopolistischen Kapitalismus werden auch an den gestiegenen Anforderungen an die Kapitalakkumulation sichtbar, die eine Folge der Erhöhung der technischen Zusammensetzung des Kapitals, der zunehmenden Bedeutung des fixen Kapitalteils und des moralischen Verschleißes darstellt. Die Kampfkraft der Arbeiterklasse, aber auch die stark ansteigende organische Zusammensetzung des Kapitals setzen der Steigerung der Arbeitsintensität als Akkumulationsquelle bestimmte Grenzen.

Damit erhöht sich die objektive Tendenz, auf dem Wege der Geldmengen- und Kaufkraftsteuerung im Rahmen der staatsmonopolistischen Geld- und Kreditpolitik die Schranken der inneren Akkumulation des Kapitals zu überwinden. Zwar gewährleistete der Gold-Devisen-Standard eine solche autonome nationale währungspolitische Regulierung auf dem Binnenmarkt, jedoch konnte er nicht verhindern, daß die mit der Erhöhung der Devisenreserven Hand in Hand gehende Inflationierung der gesamten internationalen Währungsbeziehungen auch auf die Binnenmärkte übergriff. Der kontraktive Effekt der Währungsreserven abgebenden Länder war durch die nationale Geld- und Kreditpolitik im Interesse der Sicherung der allgemeinen Profitbedingungen genau so wenig gegeben wie die Abschirmung des Binnenmarktes vor der Expansion der Währungsreserven (Inflationsimport). Dieser offensichtliche Strukturmangel im Gold-Devisen-Standard führte bei erhöhten Anforderungen durch die Entwicklung zum staatsmonopolistischen Kapitalismus bei Intensivierung der technischen Revolution zu erheblichen Widersprüchen, die sich nur zum Teil in der internationalen Liquidität widerspiegelten. Im Prinzip geht es darum, daß die Beseitigung von Zahlungsbilanzdefiziten der Leitwährungsländer die internationale Liquidität notwendigerweise einschränken muß, jede Erweiterung das Vertrauen in die Schlüsselwährungen bei zunehmenden Zahlungsbilanzdefiziten erschüttern muß.

4) Der Gold-Devisen-Standard baute sich entsprechend der Konstruktion der Abkommen von Bretton Woods auf einem bestimmten Subordinationsprinzip unter die Leitwährungen auf. Der hemmungslose Kampf um die militärische, ökonomische und währungspolitische Vorherrschaft, eine riskante, die innere Stabilität der Währung mißachtende Wachstumspolitik unter dem Druck des ökonomischen Wettbewerbs zwischen Sozialismus und Kapitalismus, aber auch die Herausbildung neuer wirtschaftlicher Kraftfelder durch die Bildung regionaler Märkte (EWG) entzogen einem auf den bisherigen Leitwährungen aufgebauten Organisationssystem immer mehr die Basis seines mehr oder weniger reibungslos funktionierenden Mechanismus. Jede Inanspruchnahme anderer Währungen als Schlüssel- oder Reservewährungen mußte notwendigerweise von außen her in die Wirksamkeit des Gold-Devisen-Standards (z. B. über „währungspolitische Kooperationen") eingreifen. Unter diesem Aspekt ist die Krise um Dollar und Pfund zwar ein Bestandteil, aber dann auch nur ein Mosaikstein sowie der Auslöser für die wachsenden Disproportionen in der Organisation der internationalen Geldbeziehungen. Die Verteilung der Währungsreserven ist äußerlich Spiegelbild dieses Prozesses:

Tabelle 4

Verteilung der Währungsreserven unter wichtigen kapitalistischen Industriestaaten

in Md $	1958	1960	1962	1964	1966
Insgesamt	57,5	60,2	62,8	68,4	71,5
darunter:					
USA	22,5	19,3	17,2	16,6	14,8
Großbritannien	3,1	3,7	3,3	2,3	3,1
EWG-Staaten	12,8	15,91	18,74	21,95	24,42

Quelle: International Financial Statistics, Washington 7/67, S. 16

II. Drei Hauptrichtungen von Reformverschlägen

Eine Veränderung der gegenwärtigen Organisation der internationalen Währungsbeziehungen ist unvermeidlich geworden — das ist das Ergebnis der Analyse über die Ursachen der immer offensichtlicher werdenden Funktionsuntüchtigkeit des Gold-Devisen-Standards: Auf der Grundlage qualitativer und struktureller Wandlungen im staatsmonopolistischen Regulierungs- und Lenkungssystem werden auch neue Anforderungen an den Funktionsmechanismus der Währungen gestellt. Der augenblicklich praktizierte Gold-Devisen-Standard vermag diesen neuen Anforderungen nicht mehr standzuhalten, um die Aufrechterhaltung der Profitproduktion bei einem hohen Vergesellschaftungsgrad der Produktivkräfte, also wirtschaftliches Wachstum unter modernen Bedingungen zu garantieren.

Ein „ideales Weltwährungssystem" zu finden und zu verwirklichen, ist in dieser Situation die zwangsläufige Reaktion in den Reihen der Theoretiker und Praktiker des modernen kapitalistischen Geldwesens: Es soll eine dem Bedarf des Welthandels angepaßte Liquidität bieten, das internationale Währungssystem unabhängig vom Goldzufluß und dem Status der Reservewährungen gestalten, ohne die Inflation zu verschärfen, dabei eine größere Flexibilität auf Strukturwandlungen besitzen und auf den wirtschaftlichen Gleichschritt der Industriestaaten hinwirken — eine währungspolitische Quadratur des Kreises!

Zunächst beherrschten die Währungstheoretiker das Feld der Diskussionen: seit dem Erscheinen von Triffins „Gold und Dollar Crisis" (1960) wurde eine Vielzahl theoretischer Konzeption über die Zukunft des Gold-Devisen-Standards entwickelt, so durch Rueff, Meade, Harrod, Heilperin, Posthuma, Lutz.

Ihre Gedanken fanden eine generelle Zusammenfassung in dem Bericht der „Bellagio-Gruppe" unter Leitung von F. Machlup.[16] Später wurde die Währungsdiskussion in wachsendem Maße unter die Kontrolle des IWF und der Zentralbanken gestellt: nach Diskussionsvorschlägen der Zentralbankpräsidenten Holtrop (Niederlande) und Zolotas (Griechenland) folgten 1964 offizielle Studienberichte des IWF[17] und der zehn stärksten Industrieländer („Zehner-Gruppe")[18] zur Verbesserung der internationalen Währungsordnung. Die weiteren Etappen der Diskussion wurden — ungeachtet der Fülle theoretischer Analysen und Meinungsäußerungen führender bürgerlicher Ökonomen — durch zwei Berichte bzw. Konzeptionen bestimmt. 1965 wurde der sog. „Ossola-Bericht" mit einer Analyse der bestehenden Meinungsgruppen zur Schaffung von Währungsreserven vorgelegt,[19] 1966 ein Konzept mit praktikablen Lösungsvarianten zur Erweiterung der internationalen Liquidität, ausgearbeitet von den „Stellvertretern der Zehn" (Beauftragte der Finanzminister und Notenbankpräsidenten) unter Leitung von Emminger (Westdeutschland). Trotz der amtlich geförderten Verengung der Diskussionen in Richtung der Erweiterung der Währungsreserven werden immer wieder drei Hauptgruppen von Reformvorschlägen deutlich sichtbar:

[16] International Monetary Arrangements: The Problem of Choice. Report on the Deliberations of an International Study Group of 32 Economists, Princeton N. J. 1964

[17] Vgl. IWF, Annual Report of the Excutive Direktors for the Fiscal Year Ended April 30, 1964, Washington

[18] Bericht der Stellvertreter der Gruppe der Zehn, in: Deutsche Bundesbank, Auszüge aus Presseartikeln, Nr. 49/64

[19] Gruppe der Zehn: Bericht der Sachverständigengruppe zum Studium der Schaffung von Währungsreserven, Rom 1965

1. Beseitigung des Gold-Devisen-Standards durch Rückkehr zu einer nach dem Vorbild des Goldstandards mehr oder weniger automatisch wirkenden Form der Währungsorganisation;
2. Überführung des Gold-Devisen-Standards in eine neue Währungsordnung mit veränderten Organisationsformen und Reservewährungen unter weitgehender Ausschaltung des Goldes;
3. Erhaltung des Gold-Devisen-Standards durch Ausbau und Verfeinerung seiner Technik, Prinzipien und Instrumente.

Welche Interessen stehen hinter diesen Reformvorschlägen und welcher Grad an Ernsthaftigkeit ist ihnen beizumessen?

Zu 1:

Die Anhänger der Restauration bestimmter Elemente des Goldstandards gehen bei ihrer Kritik am herrschenden Gold-Devisen-Standard in erster Linie von der ungenügenden Übereinstimmung zwischen dem inneren Funktionsmechanismus der Währungen und der Organisation der internationalen Währungsbeziehungen im Sinne einer „Nichtanpassungsfähigkeit" aus:

Der profilierteste Vertreter dieser Auffassung ist zweifellos der französische Ökonom Jaques Rueff. Er sieht die Mängel des gegenwärtigen Währungssystems darin, daß die Zahlungsbilanz jeglichen Wert als währungspolitisches Orientierungsmittel verloren hat, da Zahlungsbilanzdefizite nicht zu entsprechenden Effektivzahlungen an das Ausland führen. Er bezeichnet dies als „Geheimnis des schmerzlosen Defizits". Ein weiterer Gesichtspunkt seiner Kritik ist die Feststellung, daß ein Zahlungsbilanzdefizit auf die Prozesse des Binnenmarktes nicht im Sinne des einstigen „Goldautomatismus" einwirkt, da statt Kontraktionen durch internationale Kreditgewährung inflationistische Expansionen auftreten. Das Zahlungsbilanzdefizit dient seiner Meinung nach sowohl im Schuldner- als auch im Gläubigerland als Grundlage der Kreditgewährung („Verdoppelung der Kreditbasis").[20]

Eine andere Gruppe bürgerlicher Wirtschaftswissenschaftler, unter ihnen Frank D. Graham, Charles R. Whittlesey, Lloyd W. Mints, Roger Dehem, Milton Friedmann, Alfred Boßhardt, Hans Bachmann, John Burr Williams, Erik Lundberg, Friedrich A. Lutz, Gottfried Haberler, Emil Korner, James E. Meade, W. M. Scammell, Alfred Amonn, L. Albert Hahn, Emil Küng, Hans-Joachim Rüston, Egon Sohmen und Fritz W. Meyer sehen die gleichen Mängel im Gold-Devisen-Standard, halten es jedoch für unmöglich, stabile Preise und ein hohes Beschäftigungsniveau bei gleichzeitiger Aufrechterhaltung einer freizügigeren Devisenkonvertibilität aufrecht zu erhalten. Deshalb würden die „starren Valutakurse", d. h. ihre Schwankungen innerhalb geringer Bandbreiten den Anpassungsprozeß zwischen Binnen- und Außenmarkt unmöglich machen. Am deutlichsten ist diese Auffassung bei Hahn ausgeprägt: Er sieht in der bisherigen Praxis der „starren Wechselkurse" eine Internationalisierung der Inflation, die die „autonome Konjunkturstabilisierung" verhindert. Außerdem sind die festen Valutakurse faktisch nur „Interimskurse", da sie nach längerer Zeit immer wieder korrigiert werden müssen. Bewegliche, flexible Valutakurse dagegen würden das Entstehen von Zahlungsbilanzdefiziten ver-

[20] Am deutlichsten sind die Auffassungen von Rueff in seinem Artikel „The West is Risking a Credit collapse" in „Fortune" — Chicago, 1961, Heft 1, S. 126 und 262 dargelegt.

hindern und sich positiv auf die konjunkturelle Entwicklung des Binnenmarktes auswirken.[21]

Die Vorschläge konzentrieren sich deshalb auf zwei Problemkreise:

a) *Ausgleich der Zahlungsbilanzen ausschließlich durch Gold.* Damit seien zwei Vorzüge verbunden: Da das Gold nicht beliebig vermehrbar ist, schützt ein solches System vor Inflation. Der ausschließliche Zahlungsbilanzausgleich durch Gold erhöht die Wirksamkeit des Zahlungsausgleichsmechanismus und erleichtert die Erhaltung des „außenwirtschaftlichen Gleichgewichts", indem Preise, Konjunktur und Beschäftigung auf dem Binnenmarkt automatisch dem Zahlungsbilanzausgleich unterworfen sind. Die bekanntesten Vertreter solcher Konzeptionen sind Rueff, Heilperin und Vocke.

Rueff hat erst vor kurzem seine theoretischen Forderungen präzisiert:

- keine Erhöhung der Währungsreserven durch Aufnahme von Dollar- und Sterlingdevisen,
- Verdopplung des Goldpreises,
- der daraus erwachsende Gewinn wird zur Tilgung der Auslandsverpflichtungen der USA und Großbritanniens verwandt,
- die übrigen finanzstarken Länder verwenden ihren Wertzuwachs aus den Goldpreiserhöhungen für Anleihen an Großbritannien und die Entwicklungsländer.[22]

Heilperin knüpft an die Gedankengänge von Rueff an und hält einen halbautomatischen Mechanismus nach der Art des Goldstandards für möglich, wenn die im Rahmen des IWF bestehenden Bindungen der Länder durch Absprachen ergänzt werden, um die Konvertibilitätsbedingungen zu verbessern.[23]

Vocke tritt ebenfalls für die Rückkehr zum Goldstandard ein, will jedoch nicht die „Nachteile" der klassischen Goldwährung in Kauf nehmen. Diesem Ziel dient die Bildung eines „Clubs goldkonvertibler Währungen":

„1. Die europäischen goldstarken Notenbanken übernehmen nach dem Muster von USA die Zahlung ihrer fälligen Währungsverbindlichkeiten in Gold zur festen Partität — aber nur im Rahmen der Gegenseitigkeit,
2. alle diese Notenbanken sollen sich auch zum Goldankauf zur Parität verpflichten,
3. keine einseitige Änderung der Währungsparität ohne Zustimmung der Partner,
4. keine Notenbank soll mehr gezwungen sein, Devisen anzukaufen. Kauft sie Devisen, so ist sie frei in dem Preis, den sie dafür zahlt.
5. Devisen, für die Goldzahlungspflicht nicht übernommen ist, dürfen nicht in die Golddeckung einbezogen werden."[24]

Nach seinem Vorschlag müßten die schwächeren Länder sich außerhalb dieses Clubs befinden, wobei deren Paritäten und Kurse nicht fest, sondern flexibel

[21] Vgl. L. A. Hahn, „Monetäre Integration — Illusion oder Realität", in: Internationale Währungs- und Finanzpolitik (Festgabe für Adolf Weber), Berlin 1961, S. 110 f.

[22] Lt. Der Volkswirtschaft, Heft 3/67, S. 83

[23] Heilperin, M., „Für eine atlantische Währungsordnung, in: Neue Zürcher Zeitung, Nr. 249, vom 10. 9. 1961. Heilperin, M., „The Newest Phase of the International Monetary Debate, in: Außenwirtschaft, 20. Jahrgang — Heft III/IV (1965) S. 35 ff.

[24] Vocke, in: Währung zwischen Politik und Wirtschaft, Stuttgart, 1962, S. 19

sein sollten. Da unter diesen Bedingungen die Währungen der Nicht-Clubmitglieder nur noch mit einem beträchtlichen Disagio gehandelt würden, wäre damit ein Zwang gegeben, sich dem Goldclub bald zu nähern, wobei Abwertungen unumgänglich sind.

In der Regel verbinden sich die Forderungen nach Erhöhung des Goldausgleichs der Zahlungsbilanzen mit Vorschlägen für eine Erhöhung des Goldpreises. Es gibt jedoch auch Vertreter einer Goldpreiserhöhung, die für die Beibehaltung des Gold-Devisen-Standards plädieren und die Goldpreiserhöhung nur als Mittel der Erhöhung der internationalen Liquidität betrachten, so Harrod[24] und Cortney[25].

In der Beurteilung solcher Reformvorschläge wird vielfach der Eindruck erweckt, daß es sich um antiquierte, thereotisch abstrakte Vorstellungen ohne praktischen Wert handle. Das ist jedoch in einer solchen globalen Feststellung unzutreffend: Zunächst spiegeln diese Vorschläge eine gewisse Remonetisierung des Goldes in den internationalen Finanzbeziehungen wider, d. h. sie tragen einigen objektiven Tendenzen in der neuen Phase der Währungskrise Rechnung.

Alle Vorstellungen und Vorschläge reflektieren bestimmte Interessen der einzelnen Monopolgruppen und Regierungen. So bedeuten die Konsequenzen der Gedanken von Rueff einen Angriff auf die Rolle des US-Dollars, der in seinem Prestige geschwächt werden oder — im Falle der Reduzierung des Geldumlaufs — eine schwerwiegende innere Krise auslösen würde.

Der Vorschlag von Vocke wahrt offensichtlich die Interessen der monopolistisch stärksten Industrieländer: So werden die Länder mit Goldvorräten einseitig bevorzugt, während die anderen Länder gezwungen werden, ihre Währungen laufend abzuwerten.

Die praktischen Konsequenzen dieser Konzeptionen scheinen darin zu stehen, die USA aufzufordern, ihre internationalen Schuldverpflichtungen völlig in Gold zu begleichen, was entweder die Veränderung des Deckungsverhältnisses der umlaufenden Banknoten oder eine Reduzierung des Geldumlaufs zur Folge haben würde.

Im übrigen haben diese Auffassungen auch in amtlichen Verlautbarungen ihren Niederschlag gefunden.

Im Februar 1965 forderte der französische Staatspräsident de Gaulle, den auf den beiden „Leitwährungen" Dollar und Pfund Sterling beruhenden Gold-Devisen-Standard aufzugeben und die Zahlungsbilanzen generell durch Goldlieferungen auszugleichen. Wenig später variierte der Präsident der westdeutschen Bundesbank Blessing diese Version mit dem Vorschlag, den Goldausgleich der Zahlungsbilanzen nur auf die ökonomisch starken Industriestaaten zu beschränken („Goldclub-Länder") und als Übergangsregelung ein festes Verhältnis zwischen Gold- und Devisenanteilen beim Zahlungsbilanzausgleich vorzusehen. Die niederländische Staatsbank zog eine Manipulierung der nationalen Geldmenge im Gleichschritt mit der Entwicklung des realen Nationalprodukts, vermindert oder vermehrt um den Betrag aus dem Zahlungsbilanzdefizit oder -überschuß in Erwägung.[27] Auch feste Deckungsvorschriften zwi-

[25] Harrod, R., Reforming the World's Money, London, Melbourne, Toronto 1965

[26] Cortney, P., Der Goldpreis nach den Weltkriegen, in: Zeitschrift für das gesamte Kreditwesen, Heft 16/1966, S. 8 ff.

[27] Bericht der niederländischen Bank 1963, Amsterdam 1964, S. 20

schen der nationalen Geldmenge und den Währungsreserven wurden von Zentralbanken sowie internationalen Finanzorganisationen in Erwägung gezogen.[28]

Offensichtlich basierten solche konkreten Überlegungen auf einer bestimmten Beurteilung der Konjunktursituation und des Kräfteverhältnisses auf dem kapitalistischen Weltmarkt. Die in den letzten zwei Jahren zu beobachtende Stagnation im wirtschaftlichen Wachstum verschiedener kapitalistischer Industriestaaten hat das Gewicht von Vorschlägen zur Restauration des Goldstandards offensichtlich negativ beeinflußt. Es ist nicht ausgeschlossen, daß bei veränderter konjunktureller Lage solche Vorschläge wieder an Raum gewinnen. Dagegen besitzen alle Vorschläge in Richtung einer Goldpreiserhöhung kaum ein Fundament in der gegenwärtigen Wirtschafts- und Finanzpolitik der Industriestaaten. Die offiziellen Argumente gegen eine Goldpreiserhöhung sind:

- Eine Goldpreiserhöhung bedeutet weltweite Inflation.
- Die Goldpreiserhöhung nützt nur den goldproduzierenden Ländern.
- Die Goldpreiserhöhung hat keinen praktischen Nutzeffekt, da die Kursrelation zwischen dem Dollar und den übrigen Währungen gleichbleibt.
- Eine Goldpreisveränderung ist unnötig, da die Preise auf den „schwarzen" Goldmärkten zurückgegangen sind.

Obwohl Frankreich zu den eifrigsten Befürwortern eines reinen Goldstandards und einer Goldpreiserhöhung gehört, hat es bisher keinen offiziellen Vorschlag ausgearbeitet, sondern sich darauf beschränkt, im IWF eine „Diskussion" dieser Frage zu fordern.

b) *Einführung flexibler Valutakurse.* Diese Konzeption geht davon aus, daß sich bei „freien Wechselkursen" durch das Spiel von Angebot und Nachfrage auf den Devisenmärkten automatisch ein Ausgleich der Zahlungsbilanz einstellt und somit das Gleichgewicht zwischen dem Preis- und Kostenniveau auf dem Binnen- und Außenmarkt durch selbsttätige Regulierung gesichert wird.

Diese in vielen Büchern und Zeitschriftenartikeln von bekannten bürgerlichen Ökonomen vertretene Konzeption wurde Anfang 1966 in einem Memorandum von 26 Nationalökonomen aus sieben kapitalistischen Ländern präzisiert:

1. Erweiterung der Bandbreiten, innerhalb derer die einzelnen Länder den Goldwert ihrer Währungen zu halten haben, von 1% auf 4–5% in beiden Richtungen. Auf diese Weise würde sich eine Bandbreite von 8–10% zwischen dem oberen und unteren Interventionspunkt ergeben.

2. Paritätsänderungen nach eigenem Ermessen der betreffenden Länder bis zu 2% der Vorjahresparität. Im Gegensatz zu den Vorschriften des IWF, die Änderungen bis zu 10% ohne den IWF vorsehen, orientiert dieser Vorschlag nicht auf die Basis der überholten IWF-Paritäten, sondern auf die realere Vorjahresparität.[29]

[28] Vgl. Donner, O., Der derzeitige Stand der Diskussion über eine Reform des internationalen Währungssystems, in: Weltwirtschaftliches Archiv, Band 96 (1966) Heft 2, S. 195

[29] Der volle Wortlaut des Memorandums wurde u. a. in der „Zeitschrift für das gesamte Kredtiwesen" Heft 5/66 S. 18/19 veröffentlicht

Es ist bekannt, daß trotz des umfangreichen Engagements bekannter bürgerlicher Ökonomen die Regierungen und Zentralbanken der kapitalistischen Länder sowie der IWF ihre Auffassung bekräftigt haben, am Prinzip der starren Valutakurse festzuhalten. Trotzdem handelt es sich nicht um illusionäre Vorstellungen.

Zunächst beruht die Konzeption flexibler Wechselkurse auf einem durchaus ernst zu nehmenden Krisenfaktor im gegenwärtigen Währungssystem: Der oft als „Dilemma der Währungspolitik" gekennzeichnete Widerspruch zwischen konstanten Preisen auf dem Binnenmarkt, Gleichgewicht der Zahlungsbilanz und festen Wechselkursen bedingt eine innere Widersprüchlichkeit der Währungspolitik, die ihre Wirksamkeit empfindlich beeinträchtigt und lähmt. Darin besteht auch ein wesentliches Element der Labilität des mondernen kapitalistischen Währungssystems, da die Währungspolitik nicht nur in der Lage ist, die aus dem Typ der Papierwährung resultierenden Konflikte zu beseitigen oder einzudämmen, sondern darüber hinaus auch krisenverschärfend auf die Währungsbeziehungen zurückwirkt.

Die mit der Propagierung der Theorie von den „flexiblen Wechselkursen" verfolgten Absichten und Zielstellungen sind wie auch bei den anderen Vorschlägen der modernen bürgerlichen Ökonomen von bestimmten Interessen einzelner rivalisierender Gruppen der Monopolbourgeoisie abhängig.

(1) Die Einführung flexibler Wechselkurse wird unter dem Gesichtspunkt des Kampfes gegen den USA-Dollar und das Pfund Sterling forciert, da angesichts der starken Unterbewertung der Schlüsselwährungen bei beweglichen Valutakursen mit einer Defacto-Abwertung gerechnet werden kann, was zur Stärkung anderer kapitalistischer Währungen führen würde.

(2) Ein anderes Motiv ist die Verschärfung des Marktproblems; denn die Einführung beweglicher Kurse würde Möglichkeiten schaffen, durch ständige Veränderungen der Kurse die Vorteile einer Kurssenkung für die Exportsteigerung auszunutzen.

(3) Eine weitere Ursache für die Propagierung der Theorien der beweglichen Valutakurse besteht offensichtlich darin, in Anlehnung an die Vorschläge von Vocke, Rueff, Friedmann, Heilperin ähnliche Bedingungen wie im Gold-Standard herbeizuführen, um somit einen bestimmten „Stabilisator" der Währungsentwicklung zu erhalten. Hier werden die gleichen Argumente sichtbar, die für die Begründung der Rückkehr zum Goldstandard angeführt wurden. Dabei ist interessant, daß die bürgerlichen Ökonomen erst dann für die Schaffung flexibler Valutakurse plädieren, wenn ihre eigene Monopolbourgeoisie ökonomisch stark genug ist, um eine aggresive Währungspolitik auf dem Weltmarkt zu treiben, keinesfalls aber dann, wenn eine Verteidigung der eigenen Währungsposition notwendig wird. Daraus erklärt sich auch, daß gegenwärtig die meisten amerikanischen Ökonomen die festen Valutakurse befürworten, da sie angeblich das internationale Gleichgewicht der Zahlungen sowie einen beständigen Außenhandel garantieren. Die englischen Ökonomen traten für flexible Valutakurse zu einem Zeitpunkt ein, als vor Einführung der Teilkonvertibilität das Pfund Sterling eine gewisse Stabilisierung erfuhr. Die akuten Krisen des Pfund Sterlings bedingten, daß der „Radcliffe-Report" vom August 1959 über diese Frage einfach hinwegging.

In diesem Zusammenhang muß daran erinnert werden, daß im vergangenen Jahr der Sachverständigenrat der westdeutschen Regierung mehrfach eine abgestufte Aufwertung der D-Mark empfohlen hat, um die inflationistischen Wirkungen der Exportüberschüsse auf dem Binnenmarkt abzufangen. Ferner ist in der letzten Zeit die Tendenz zu beobachten, die Projekte über flexible Wechselkurse in stärkerem Maße als partielle Lösungsvorschläge zur Überwindung akuter Zahlungsbilanzkrisen zu präzisieren. Solche Auffassungen werden vor allem von L. A. Hahn vertreten, der eine „Stufenflexibilität" der Valutakurse und schwankende Wechselkurse zwischen den Währungsblöcken Dollar/Pfund auf der einen Seite und der EWG auf der anderen Seite fordert.

Zu 2:

Die Vorschläge für eine Reformierung des Gold-Devisen-Standards auf dem Wege einer umfassenden Demonetisierung des Goldes besitzen den gleichen Ausgangspunkt in der Kritik der gegenwärtigen internationalen Währungsordnung, sehen jedoch den Ausweg aus der immer offensichtlicher werdenden Funktionsuntüchtigkeit des Gold-Devisen-Standards in einer Vermehrung der internationalen Liquidität und institutionellen Regeln zur Einschränkung des Risikos der Leitwährungen.

Gemeinsames Merkmal dieser Projekte ist die Schaffung einer neuen Konstruktion der internationalen Geldordnung einschließlich eines neuen internationalen Geldes, das schließlich das Gold als internationales Zahlungsmittel ersetzt. Damit sollen drei Ziele zugleich angesteuert werden:

- Der Konflikt zwischen Vollbeschäftigung, Preisstabilität und Zahlungsbilanzungleichgewicht wird nicht auf Kosten des inländischen Wirtschaftswachstums gelöst.
- Der im Falle von Krisenerscheinungen auf den Binnenmärkten eintretende Restriktionseffekt in den Außenwirtschaftsbeziehungen wird in einen Expansionseffekt verwandelt.
- Die im Gold-Devisen-Standard von Beschlüssen der nationalen Währungsbehörden abhängige währungspolitische Koordinierung wird durch Subordination unter internationale Währungsinstitutionen bzw. internationales Geld ersetzt.[30]

Mit Recht weist Machlup darauf hin, daß zwischen beiden Gruppen von Reformvorschlägen ein bestimmter Parallelismus besteht, beide wollen die Devisen aus den Währungsreserven herauslösen und einen neuen Automatismus schaffen, die einen durch Aufwertung des Goldes, die anderen durch dessen Demonetisierung.[31]

Die Konzeption zur Schaffung einer neuen Organisation der internationalen Währungsbeziehungen weist vier Hauptrichtungen auf:

a) *Zentralisierung der nationalen Währungsreserven* und Umwandlung des IWF in eine *Weltnotenbank* mit zusätzlicher Emission von internationalem Kreditgeld.

Im *Triffin-Plan*[32] hat diese Konzeption ihre deutlichste Widerspiegelung gefunden. Dieser Plan geht historisch von dem bekannten Keynes-Plan über eine Clearing-Union aus, die bei der Gründung des IWF 1944 in Bretton Woods

[30] Paillard, G, Kritik der Golddevisenwährung und Reformvorschläge, in: Außenwirtschaft Heft III/IV (1965) S. 90

[31] Machlup, F., Die Pläne zur Reform des internationalen Geldwesens, Kieler Vorträge N. F. 23. S. 47

[32] Vgl. R. Triffin, „Gold and the Dollar Crisis", New Haven 1960, S. 151 ff.

zwar diskutiert, aber abgelehnt wurde. Später hat die europäische Zahlungsunion in bestimmter Weise diese Auffassungen praktiziert. Die wichtigsten Prinzipien des Triffin-Plans sind: (a) Übertragung der nationalen Währungsreserven auf den IWF (zunächst in Höhe von 20%). Diese Guthaben stellen neben Gold die einzigen Mittel für Reserven im internationalen Zahlungsverkehr dar. Da diese Guthaben dem Gold gleichgestellt sind, können sie somit als internationales Zahlungsmittel (Weltwährung) benutzt werden. (b) Die neu gebildete Weltnotenbank kann ihren Mitgliedern über die Kreditquelle der internationalisierten Währungsreserven hinaus zusätzlich sogenannte Überziehungskredite („overdrafts") gewähren, die eine Goldklausel erhalten würden, wobei an eine Gesamterhöhung der internationalen Liquidität (d. h. monetäres Gold, Devisenguthaben und „geschöpfte" Kredite) von jährlich etwa 3% gedacht ist. (c) Das Gold wird weiter demonetisiert, da nur der Überschuß über die Mindesteinlage bei der Weltnotenbank in Gold konvertierbar ist.

Der Triffin-Plan ist im Verlauf der Diskussion durch eine Reihe zusätzlicher Vorschläge modifiziert worden. Dazu gehören der *Angell-Plan* (Prinzip der freiwilligen Übertragung von Einlagen der nationalen Zentralbanken an die Weltnotenbank), *Day-Plan* (Verzinsung der Einlagen beim IWF) und der *Harrod-Plan* (Schaffung von IWF-Verrechnungseinheiten und Ermächtigung des IWF zu Offenmarktgeschäften).

Die Auffassung von einer Zentralisierung von nationalen Währungsreserven besitzt in der objektiven Tendenz der Internationalisierung des Wirtschaftslebens eine begründete Ausgangsposition.

Darin zeigt sich auch die in der dritten Etappe der allgemeinen Krise des Kapitalismus generell zunehmende Bedeutung des staatsmonopolistischen Kapitalismus, der in allen Phasen der chronischen Währungskrise angesichts der Rolle des Staates für die Ausgestaltung der Währungskategorie einen bestimmenden Einfluß ausgeübt hat und deshalb gerade in den Währungsbeziehungen oftmals stärker und profilierter als in anderen Bereichen des Reproduktionsprozesses auftrat.

Entscheidend ist jedoch, daß der Triffin-Plan in erster Linie von der Wahrung der Interessen der USA bestimmt wird und faktisch die valutapolitische Strategie der damaligen Kennedy-Regierung darstellte. Dafür ist typisch, daß Kennedy selbst die Grundideen des Triffin-Plans in seine Regierungserklärungen übernommen hatte, der größte Teil seiner wirtschaftlichen Berater (so der Chefberater Prof. Heller) von den Gedankengängen Triffins stark beeinflußt war und Triffin selbst Gelegenheit erhielt, vor dem Wirtschaftsausschuß des Kongresses (Joint Economic Committee of the United States Congres) seine Auffassungen darzulegen.

Die USA verfolgten das Ziel, die Stellung des IWF zu erweitern. Da die USA diese Institution beherrschen (Quoten, Stimmrecht, Personalpolitik), würde die Internationalisierung der Währungspolitik und der -reserven faktisch eine Enteignung der nationalen Währungsreserven der anderen Länder bedeuten und zugleich die Rolle der anderen Finanzzentren des Kapitalismus, besonders Londons, schwächen. Gerade Großbritannien würde den letzten Rest seiner Stellung als „Weltbankier" verlieren.

Wenn auch ein bestimmter Teil der Methoden zur Rettung des US-Dollar von den Verbündeten der USA akzeptiert worden ist (auch wenn sie dafür versuchen, vor allem militärische Zugeständnisse in bezug auf den Führungsanspruch im westlichen Paktsystem zu erreichen), so stießen die Vorstellungen von Triffin über die Internationalisierung der Währungsreserven auf einen erbitterten Widerstand der anderen kapitalistischen Länder. Wenn sie auch die Aufstockung der internationalen Liquidität zur zeitweiligen Überbrückung ihrer Zahlungsbilanzschwierigkeiten größtenteils bejahten, so doch nicht im Rahmen einer supranationalen Zentralbank, sondern im Rahmen solcher Organisationsformen, die ihnen als Gläubigerländer der USA die volle Kontrolle über die internationale Liquiditätsvermehrung ermöglichten.

b) Schaffung eines Systems von *Goldwertgarantien.*

In dieser Gruppe von Vorschlägen gibt es außerordentlich differenzierte Thesen, die offensichtlich darauf hinauslaufen, die von Triffin auf der Vormachtstellung der USA aufgebaute Währungsorganisation durch einen Umweg über die Goldreserven zu erreichen. So stammt von G. N. Halm der offensichtlich nach dem Scheitern des Triffin-Plans von der USA-Regierung geförderte Plan von Goldwertgarantien. Dabei würden die Entwicklungstendenzen zu einem System mehrfacher Reservewährungen genauso berücksichtigt werden wie die beabsichtigte Stärkung des IWF, wenn es gelingen würde, die Goldwertgarantien für Transaktionen zwischen dem Fonds und seinen Mitgliedern zu reservieren.[33]

Schon vorher hatte *Day*[34] vorgeschlagen, daß die Zentralbanken einen Teil ihrer Goldreserven an den Internationalen Währungsfonds abtreten, und daß gleichzeitig die internationalen Finanzorganisationen Goldzertifikate ausgeben. Ähnlich *Balogh's* wesentlichster Gedanke, daß die Mitglieder des Internationalen Währungsfonds grundsätzlich nicht Devisen aus einer Valuta in eine andere oder in Gold umwandeln sollen, sofern es sich nicht um laufende Zahlungen handelt.[35] Kombinationen mit anderen Vorschlägen enthält das Projekt von *Meade,* der die Gedanken der Übertragung der Währungsreserven auf den Internationalen Währungsfonds mit der Ausgabe von Goldzertifikaten und freibeweglichen Wechselkursen verbindet:

- Einzahlung von Gold und Devisen in den IWF gegen Emission von Goldzertifikaten, die alleiniges Reservemedium darstellen.
- Freie Kursbildung für die Goldzertifikate auf den Devisenmärkten anstelle der Valutakursschwankungen.
- Die Funktion des IWF ist nach britischem Vorbild mit dem „Exchange Equalization Account" zu vergleichen.
- Die Goldzertifikate dienen der Offen-Markt-Politik des IWF.[36]

Stamp hatte eine Begrenzung der Höhe der Goldzertifikate auf 3 Md. Dollar vorgeschlagen, die den ökonomisch schwach entwickelten Ländern zur Verfügung gestellt werden sollten, damit sie wiederum Zahlungen an die Industrieländer mit diesen Schuldverschreibungen leisten.[37]

[33] Halm, G. N., Gold-Value-Guarante, in: Weltwirtschaftliches Archiv, Hamburg, Band 95 (1965) Heft 6

[34] A. C. L. Day, „The world liquidity problem and the British monetary system" Committee on the Working of the Monetary System, Vol. 3, London 1960, S. 71 ff.

[35] Th. Balogh, Committee on the Working of the Monetary System, Vol. 3., London 1960, S. 31 ff.

[36] J. Meade, „The Future of International Trade and Payments" in: The Three Banks Review, Nr. 50/1961 u. 63/64

[37] Vgl. M. Stamp, „Ending the World's Shortage" in: The Guardian vom 13. Februar 1961

c) *Multilateralisierung des Leitwährungssystems*

Typisch für eine solche Konzeption dürfte der *Zolotas-Plan* sein: (a) Die Schlüsselwährungs-Länder sollen ausreichende Forderungen in den wichtigsten anderen konvertierbaren Währungen aufbauen, um sie als Manövriermasse zur Verteidigung von Dollar und Pfund einsetzen zu können. (b) Alle diese Länder mit konvertierbaren Währungen sollen für die von anderen Banken gehaltenen Bestände ihrer Währungen eine Goldgarantie geben. (c) Die kurzfristigen Auslandsguthaben in den jeweiligen nationalen Währungen sollen zins- und steuerpolitisch differenziert behandelt werden.[38]

Offensichtlich sollte mit der Schaffung eines Multi-Currency-Standards[39] die Möglichkeit zu einer gewaltigen Ausdehnung des internationalen Kredits gegeben werden, wobei später dieser Vorschlag insofern modifiziert wurde, als die damit verbundenen Überschüsse zum obligatorischen Abschluß von Stand-by-Abkommen verwandt werden sollten. Schon vorher hatte der Niederländer *Posthuma* das Projekt entwickelt, die multiplen Reservewährungen in einer Weise zu bündeln, daß sie nur als Einheitspaket von vorgeschriebener Zusammensetzung und nur mit einem bestimmten „Goldzusatz verwandt werden sollten": Wenn man die Symmetrie im Aufbau der Reserven allgemein machen will, indem man auch in Europa sich die Währungskomponenten in eine Mehrzahl von Währungen entwickeln läßt, würden die Defizitländer nur einen Teil des Defizits den Vereinigten Staaten gegenüber in einem Strauß bezahlen müssen, und den Rest in Dollar, die sie gegen ihre eigene Währung bei den übrigen nicht-amerikanischen Teilnehmern kaufen müßten. Es würde auf der Hand liegen, dabei den relativen Umfang der Bruttoreserven der verschiedenen Länder als Kriterium zu benutzen."[40]

In die gleiche Gruppe von Auffasungen gehört offensichtlich das „Bestwährungs-Leitsystem" von *L. A. Hahn*, das auf der Existenz fester Wechselkurse ohne Leitwährungen beruht, wobei sich unter der Bedingung ungehinderter Konvertibilität jeweils auf dem Markt die meist gefragteste Währung als Leitwährung herausbildet.[41]

Wie die Projekte von Triffin beruhen die Vorschläge zur Schaffung eines Multi-Währungs-Standards auf der objektiven Tendenz der Internationalisierung des Wirtschaftslebens, gehen jedoch von den Interessen der *Gläubigerländer* der USA und Großbritanniens aus, um die Entwicklung der internationalen Liquidität unter ihrer Kontrolle zu halten. Vom Standpunkt der praktischen Entwicklung aus haben solche Reformvorschläge in zweifacher Hinsicht ernst zu nehmende Bedeutung:

— Sie sind der Ausgangspunkt für die Herausbildung spezifischer Organisationsformen der Länder mit Überschüssen in der Zahlungsbilanz zur Überwachung der internationalen Währungsbeziehungen.

[38] Vgl. X. Zolotas, „Towards a Reinforced Gold Exchange Standard" in: Papers and Lectures, Bank of Greece Nr. 7, Athen 1961. Deutsch in: Neue Zürcher Zeitung Nr. 232/61, und Remodelling the International Monetary System, Bank of Greece, Papers and Lectures, 17 Athen, 1965

[39] Lutz, Das Problem der internationalen Liquidität und das System der mehrfachen Reservewährungen, in: Inflation und Weltwährungsordnung, Zürich/Stuttgart 1963 S. 73 ff.

[40] Posthuma, Wandlungen im internationalen Währungssystem, Kieler Vorträge, N. F., 29, Kiel 1963

[41] Hahn, L. A., EinTraktat über die Währungsreform, Basel und Tübingen 1964, S.50

– Gleichzeitig wird damit die theoretische Grundlage für regionale Währungsblocks geschaffen, die zugleich nach außen hin als Leitwährungsblocks gegenüber dritten Ländern in Erscheinung treten.

d) *Schaffung einer neuen Reserveeinheit*

Neben dem Triffin-Plan stellt die durch Frankreich im Rahmen der vom IWF eingesetzten Ossola-Kommission entwickelte Konzeption von Reservemedien außerhalb des IWF (Kollektive Reserveeinheiten = CRU) das am stärksten profilierte Projekt für die Entwicklung einer neuen Organisationsform internationaler Geldbeziehungen dar:

– CRU sind unverzinsliche Guthaben, die von einer zahlenmäßig beschränkten Gruppe von Industrieländern in vereinbarter Höhe außerhalb des IWF bestehen.
– Sie werden in einem einheitlichen Verhältnis auf die Länder entsprechend ihren Goldreserven verteilt.
– Die Entscheidung über den Umfang der CRU soll einstimmig erfolgen.
– Die BIZ sollte die Konten des Systems führen.

Dieser Vorschlag lief offensichtlich auf die währungspolitische Stärkung jener Länder hinaus, die sowohl über hohe Währungsreserven verfügen als auch an einer Erweiterung der internationalen Liquidität interessiert sind. Die gegen die bisherigen Leitwährungsländer gerichtete Spitze wird durch den exklusiven Charakter der die CRU schöpfenden Länder noch verschärft. Gleichzeitig ist nicht zu übersehen, daß trotz der formalen Anerkennung einer proportionalen Entwicklung von Welthandel und Währungsreserven eine gewisse „Selbstbeschränkung" im Sinne des Mechanismus des Goldstandards vorgesehen war. Dieser Plan wurde zwar bereits 1960 von Bernstein in den Grundzügen entwickelt, fußt jedoch im Unterschied zu allen vorangegangenen Konzeptionen auf Überlegungen der Währungspolitiker in den Regierungen und Zentralbanken der EWG. Daraus resultierte auch, daß das Projekt der kollektiven Reserveeinheiten sehr rasch an praktischer Bedeutung gewann und dieses System im Jahre 1966 seine präzisie Ausarbeitung durch die sog. Emminger-Gruppe fand.

Die Hauptwiderstände gegen diesen Reformplan beruhten auf drei Ursachen:

(1) Die Notwendigkeit der Schaffung zusätzlicher internationaler Liquidität ist nach wie vor theoretisch und praktisch umstritten.[42]

(2) Bereits im Ossola-Bericht wurde über die Notwendigkeit der Schaffung eines Konkurrenzunternehmens zum IWF keine Einigkeit erzielt, wenn auch die Schaffung eines zusätzlichen Reservemediums Anklang fand.

(3) Die ökonomisch schwachen Länder innerhalb des IWF befürchten eine Diktatur der „reichen" Staaten und verlangen einen Schutz der monetären Autonomie gegen die weltweite Inflation.[43]

[42] Ein detaillierte Darstellung des Problems wurde bereits in Konjunktur und Krise, Heft 2/66, S. 121 ff. gegeben.

[43] Vgl. Rohwedder, J., Der Ossola-Bericht über Möglichkeiten zur Schaffung zusätzlicher Währungsreserven, in: Weltwirtschaftliches Archiv, Hamburg, Band 95, 1965, Heft 2, S. 74 ff.

Zu 3:
Die Vorschläge für die Reformierung des Gold-Devisen-Standards unter Beibehaltung seines jetzigen Mechanismus bei gleichzeitiger Verfeinerung seiner Instrumente beruhen auf der Abwehr von Risiken innerhalb des IWF und insbesondere im Blick auf die Leitwährungen.

Von diesem Motiv getragen umfassen die Projekte eine Vielzahl von bereits analysierten Vorschlägen wie Liquiditätserweiterung, Multilateralisierung der Währungen, Reservemedien, ja sogar Goldpreiserhöhungen, allerdings mit jenem grundsätzlichen Unterschied, daß

— das System des IWF aufrechterhalten bleibt,
— Dollar und Pfund vor einer drohenden Abwertung bewahrt werden und
— zusätzliche internationale Liquidität nur „vorsorglich" bereitgestellt wird.

Daraus erklärt sich auch, daß die überwiegende Anzahl von Reformvorschlägen in dieser Gruppe aus den Reihen der währungspolitischen Lenkungsinstanzen selbst kommt, weniger jedoch durch theoretische Diskussionen bürgerlicher Ökonomen. Die Hauptrichtung wurde bereits zu Beginn der sechziger Jahre in dem sog. *Bernstein-Plan* entwickelt, der als eine Art Alternative zum Triffin-Plan konzipiert war. Unter diesem Aspekt liefen beide Pläne auf das gleiche Ziel hinaus, nämlich das der Sicherung der gegenwärtigen Dollarparität. Der Bernstein-Plan umfaßt im einzelnen: (a) Erweiterung der Ziehungsrechte für die Mitglieder des IWF, so daß im Normalfall 125% der Quote eines Mitgliedslandes der Zentralbank dieses Landes als sekundäre Währungsreserve zufallen würde. (b) Einrichtung einer besonderen, dem IWF angegliederten Agentur (Reserve Settlement Account), die unabhängig vom eigentlichen Fonds Kredite an die Mitgliedsländer gewähren soll, die durch Schuldverschreibungen gedeckt werden, die von den Staaten mit hohen Gold- und Devisenbeständen übernommen werden.[44]

Dieser Plan ist in der Folgezeit mit Vorstellungen über eine bestimmte Rückkehr zum Goldstandard kombiniert worden:
So treten Harrod, Machlup und Salin für die Beibehaltung der Golddevisenwährungen unter der Bedingung einer Korrektur des Goldpreises ein.

Zu den entschiedensten Befürwortern der Goldpreiserhöhung gehört zweifellos *Harrod*, jedoch sieht er darin nur das beste Mittel für die Vermehrung der internationalen Liquidität, die für ihn das einzige Währungsproblem darstellt. Dabei hat er eine Verdoppelung des gegenwärtigen Goldpreises im Auge.[45]

Salin fordert eine Erhöhung des Goldpreises um 75%: („denn" — so argumentiert er — „eine Erhöhung um 30 oder 40% würde nur als erster Schritt empfunden und daher verstärkte Unruhe schaffen"), sieht aber diese Notwendigkeit unter dem Gesichtspunkt, die Kursparität der Kaufkraftparität anzugleichen.[46]

Machlup tritt für eine Korrektur des Goldpreises ein, schlägt aber sogar seine Senkung vor, um die privaten Goldhorte zu entwerten, sie damit aufzulösen

[44] Vgl. E. M. Bernstein, „The Adequacy of United States Gold Reserves" in: American Economic Revue, Menasha, Wisc., 1961, S. 439 ff., ferner: A Practical Programme for International Monetary Reserves, in: Quarterly Review and Investment Survey, New York, 1963

[45] Vgl. R. Harrod, Reforming the World's Money, London 1965

[46] Vgl. F. Salin, „Für ein Alignement der Währungen", in: Kyklos, 1960, S. 450 ff.

und gleichzeitig den ersten Schritt auf dem Wege zur Abschaffung des Goldes als Währungsmetall zu tun.[47]

In der Folgezeit sind diese zum Teil nicht praktikablen theoretischen Vorstellungen in amtlichen Reformprojekten für die Bedürfnisse der gegenwärtigen staatsmonopolistischen Währungspolitik präzisiert worden. Dazu zählen:

a) Roosa-Vorschläge, benannt nach dem damaligen US-Unterstaatssekretär für Schatzfragen: Anstelle der Kreditgewährung der Überschußländer durch Aufnahme von Dollar-Devisen sollte eine direkte Kreditgewährung an die USA treten, damit diese durch Verkauf von Währungen der Überschußländer Dollars aufkaufen und um damit den Valutakurs der Leitwährungen abzuschirmen.

b) Maudling-Plan: Der damalige britische Schatzkanzler schlug vor, daß andere führende Industrieländer die ihnen in Zeiten britischer Zahlungsbilanzdefizite zufließenden Pfunde nicht länger auf Kosten der Sterlinggebietsreserve in Gold oder Dollar eintauschen, sondern beim IWF hinterlegen, und zwar gegen einen mit Goldgarantie ausgestatteten, nicht transferablen und niedrig verzinslichen Gutschein, den sie jeweils erst dann wieder einlösen dürfen, wenn sie selbst wieder Liquiditätsschwierigkeiten aufzuweisen haben, also ihre eigene Währung von anderen Ländern akkumuliert wird.

c) Erweiterung der Ziehungsrechte des IWF entsprechend den Vorschlägen des Ossola-Berichts:

- Schaffung von Super-Goldtranchen-Positionen der bezogenen Länder, die als Währungsreserven anzusehen sind. (Goldtranchen sind Ziehungsrechte, bei deren Inanspruchnahme die von dem Mitglied an den Fonds auszuhändigende eigene Währung die beim Fonds befindlichen Bestände in dieser Währung auf nicht mehr anhebt, als der Fondsquote des Mitgliedes entspricht.) Zwar ist eine Super-Goldtranche in Höhe von 200 Prozent der Quote möglich, jedoch bisher nur bis zu 100 Prozent auf automatischem Wege. Der Vorschlag zielt auf die Erhöhung der *automatischen Ziehungsrechte* entsprechend der Goldtranche hin.
- Ausweitung der automatischen Ziehungsrechte des Fonds durch Ausdehnung der Goldtrancheziehungsrechte auf Teile der Kredittranche.
- Quotenerhöhungen entweder ohne Goldeinzahlungspflicht oder durch Hinterlegung von Goldzertifikaten.

d) Erweiterung des Kreditpotentials des IWF durch Aufnahme zusätzlicher Mittel auf den internationalen Devisenmärkten. Damit erhält der IWF das Recht, sich nationale Währungen auf dem Kreditwege und damit verzinslich zu besorgen und diese nach einem bestimmten Schlüssel auf die Mitgliedsländer zu verteilen. Andere Vorschläge sehen vor, solche zusätzlichen Kredite nur an die Defizitländer in Form von Sonderkrediten weiter zu verteilen.

In diese Gruppe von Vorschlägen gehören auch Projekte, durch Anerkennung der Goldtranche beim IWF als eine Form internationaler Guthaben und Anpassung dieser Guthaben an den internationalen Liquiditätsbedarf ein neues Reservemedium (CRU) zu schaffen, das im Unterschied zu den Konzeptionen über die Entwicklung eines neuen internationalen Geldes lediglich zur Ergänzung der Leitwährungen Dollar und Pfund dient, nicht an das Gold, sondern an die Dollarparität gebunden ist und entsprechend der Konzeption des Bernstein-Plans völlig unter Kontrolle des IWF steht, also eine Kreditfazilität ist.

[47] Machlup, a. a. O.

Alle diese Vorschläge sind auf die gegenwärtige Praxis der staatsmonopolistischen Währungspolitik gerichtet und besitzen deshalb einen hohen Grad an Realisierungsfähigkeit. Sie sind jedoch auf kurz- und mittelfristige Lösungen orientiert, um die Funktionsfähigkeit des Gold-Devisen-Standards zeitlich zu verlängern, ohne den Versuch gemacht zu haben, einige Hauptwidersprüche perspektivisch überwinden zu können.

III. Alternativen und Perspektiven

Die Analyse der einzelnen Reformvorschläge für die internationale Währungsordnung und ihrer politischen und ökonomischen Motive zeigte deutlich, daß die überwiegende Anzahl solcher Projekte auf reale Bedürfnisse des kapitalistischen Reproduktionsprozesses orientiert ist, jedoch ihre Verwirklichung immer nur unter bestimmten Konstellationen im politischen und ökonomischen Kräfteverhältnis möglich erscheint. Deshalb kann als *Maßstab* für eine Beurteilung der Effektivität einer Reformierung des Gold-Devisen-Standards nicht die eine oder andere Seite im Mechanismus des staatsmonopolistischen Kapitalismus dienen (Internationalisierung, Schutz der Binnenkonjunktur, Sicherung des Herrschaftsmechanismus, Profitstreben), sondern nur die Wirkungsweise des gesamten Funktionsmechanismus der Währungen unter den neuen Bedingungen der technischen Revolution und des wachsenden Einflusses der Ideen des Sozialismus.

Wenn die Organisation der internationalen Währungsbeziehungen bei aller Verselbständigung die inneren funktionalen Beziehungen zwischen den einzelnen Komponenten des Währungssystems in bestimmten Grenzen unter dem Blickwinkel der Aufrechterhaltung des Profitmechanismus absichern soll, dann muß notwendigerweise der Maßstab für eine Beurteilung von Währungsreformvorschlägen die Frage nach der Art und Weise sowie der Form der Bewältigung der Widersprüche zwischen währungspolitischem Funktionsmechanismus und internationaler Währungsordnung sein, d. h. der gesamte Komplex der inneren und äußeren Faktoren des Währungssystems.

Die Lösungsvarianten sind abhängig von *zwei Alternativen*: soll eine Reformierung die Gold-Devisen-Standards nach dem Modell staatsmonopolistischer Währungsbeziehungen vollzogen werden, oder soll der Ausweg in einem Modell bestehen, das nicht auf der staatsmonopolistischen, sondern der demokratischen Alternative, auf der Grundlage einer Wirtschaftsordnung mit friedlichem und weltoffenem Handel ohne Diskriminierung der Handelspartner und Beseitigung der sozialen Härten für die Werktätigen beruht?

Die bisher vorgelegten Reformpläne sehen nur Veränderungen im Rahmen einer bestimmten Zielfunktion, nämlich Aufrechterhaltung des staatsmonopolistischen Herrschaftssystems unter den Bedingungen der zunehmenden Vergesellschaftung der Produktivkräfte vor. Damit sind die Lösungsmöglichkeiten von vornherein begrenzt, da der Wirkungsmechanismus der internationalen Währungsbeziehungen in besonders konzentrierter Weise eine eigentümliche Dialektik zwischen Widersprüchlichkeit und Effektivität, Zunahme der Labilität und Tendenzen zeitweiliger Stabilisierung aufweist.

Im Verlaufe der Entwicklung zum staatsmonopolistischen Kapitalismus sind jene Faktoren und Elemente stärker geworden, die eine allgemeine Zerrüttung der Währungsbeziehungen einschränken können und die objektive Labilität und

Widersprüchlichkeit der Geld- und Kreditbeziehungen unter Kontrolle zu bringen, sozusagen „lokalisieren" versuchen. Dazu zählen

– die wachsende Rolle des imperialistischen Staates bei der Lenkung und Regulierung der Wirtschaft,
– der zunehmende Internationalisierungsprozeß der Wirtschaft,
– die Furcht vor Bedrohung der Existenz des Monopolkapitals durch die Arbeiterklasse und die jungen Nationalstaaten,
– die Sorge vor dem größer werdenden Einfluß des Sozialismus, seines Weltsystems und seiner Ideen.

Die zunehmende Rolle des Goldes in den internationalen Geldbeziehungen im Sinne einer „Remonetisierung" ist äußerliches Kennzeichen dieses Tendenz, zumal das Gold als allgemeine Geldware erhalten geblieben ist und seine gesetzmäßigen Anforderungen sich auf Umwegen, unter Entstehung neuer Spannungen und Störungen außerordentlich schmerzlich durchsetzen. Das graduelle Vordringen bestimmter stabilisierender und kriseneinschränkender Faktoren verändert nicht die chronische Krise der kapitalistischen Währungen als Gesamtsystem. Unter diesem Aspekt sind die neuen Erscheinungen nur eine andere Ausdrucksform der chronischen Krise des Währungssystems.

Daraus erklärt sich auch, daß auf der Basis und im Rahmen der Labilität der kapitalistischen Währung als Ausdrucksform der chronischen Währungskrise durchaus funktionsfähige internationale Finanz- und Kreditbeziehungen strukturell und langfristig möglich sind, um die Währungspolitik den Bedingungen der technischen Revolution und des Wachstumstempos zusammen mit der Überwindung bestimmter Seiten des nationalen Protektionismus anzupassen.

Als Schlußfolgerung ergibt sich zunächst, daß die Krise des internationalen Finanz- und Kreditmechanismus nicht allein und ausschließlich unter dem Blickwinkel der Abwertung gesehen werden kann. Vielmehr bilden derartige Erscheinungen der Währungskrise nur Höhepunkte und Schlußphasen von Prozessen, die langfristig das Währungssystem zersetzen und in seiner Wirksamkeit lähmen. Vielmehr entwickelt sich zwischen den drei Extremvarianten: Internationalisierung der Inflation, Abwertung und voll ausgebildete Devisenzwangswirtschaft eine Stufenleiter von Zwischenlösungen, die in ihrer Gesamtheit eben den langwierigen Prozeß der Währungskrise im modernen Kapitalismus ausmachen. Dazu zählen folgende Varianten:

(a) Das Gegenstück zur Goldwährung (stabile Valutakurse und schwankende Preise auf dem Binnenmarkt) wäre ein System mit frei beweglichen („flexiblen") Valutakursen und gleichbleibendem Preisniveau, so daß der Ausgleich der Zahlungsbilanz real gesichert wäre.

(b) Da im Falle (a) die schwankenden Kurse die Labilität des gesamten Währungssystems, vor allem den tatsächlichen Wert der nationalen Währungseinheiten, offensichtlich zum Ausdruck bringen würden, wird durch staatsmonopolistische Maßnahmen versucht werden, Valutakurse *und* Preisniveau konstant zu halten und das sich daraus ergebende Ungleichgewicht der Zahlungsbilanzen durch schroffe Maßnahmen der Devisenzwangswirtschaft sowohl gegenüber dem Binnen- als auch dem Außenmarkt zu sterilisieren.

(c) Wird die Devisenzwangswirtschaft – als ein direktes Eingeständnis für die tatsächliche Lage der Währung – in einigen Bereichen gelockert (z. B. durch Teilkonvertibilität), ist die Finanzoligarchie objektiv gezwungen, bei Aufrechterhaltung fester Kurse schwankende Preise *und* ein Ungleichgewicht der Zahlungsbilanzen (d. h. Preiserhöhungen und Defizit in der Zahlungsbilanz) zuzulassen, wobei durch geld-, kredit- und finanzpolitische Maßnahmen bald die eine, bald die andere Komponente stärker in den Sog der spontanen Schwankungen gezogen werden würde.

(d) Der den Anforderungen des Wert- und Konvertibilitätsgesetzes entgegenstehende Widerspruch zwischen der konstanten Goldparität und dem effektiven Goldgehalt wird in der Weise gelöst, daß über die Beziehungen zwischen Preisen und Mengen im Außenhandel die Zahlungsbilanz beeinflußt werden würde: Bei Geldentwertung auf dem Binnenmarkt steigen die Produktionskosten in dem betreffenden Land in einer Weise, daß der Kauf in dem Land immer unprofitabler wird, weil man zum gleichen Valutakurs immer teurer einkauft, während die Importe in dieses Land immer lohnender werden. Die Leistungsbilanz wird durch die Geldentwertung — teilweise Lockerung der Devisenzwangswirtschaft unterstellt — immer defizitärer. Der Ausgleich über die zunehmende Verschuldung an das Ausland ist begrenzt, weil bei einem entsprechenden Ausmaß der Verschuldung die anderen Länder einen solchen politischen und ökonomischen Druck ausüben, daß die Abwertung erzwungen wird. Eine der Abwertung gleichzusetzende Folge wäre, daß das betreffende Land in eine währungspolitische Abhängigkeit seiner Gläubiger geraten würde, die seine Stellung auf dem Weltmarkt untergraben würde.

(e) Der Ausgleich der Zahlungsbilanz könnte anderenfalls nur durch scharfe anti-inflationistische Maßnahmen auf dem Binnenmarkt erreicht werden, wodurch die Kosten und Preise schließlich dem internationalen Niveau angeglichen werden würden. Eine solche Politik würde jedoch mit starken krisenhaften Erscheinungen in der Volkswirtschaft verbunden sein (Arbeitslosigkeit, sinkende Geldeinkommen, Produktionsrückgang in den Zweigen mit geringerer Bedeutung für den Außenhandel), also einer der Abwertung gleichkommenden Maßnahme — schroffe Anpassung der nationalen an die realen internationalen Wertrelationen — entsprechen. Es hängt jedoch von der Organisiertheit und der Kampfkraft der Arbeiterklasse in dem jeweiligen Land ab, ob eine solche Politik Aussicht auf Erfolg hat.

(f) Ein formal-rechnerischer Ausgleich der Zahlungsbilanz würde (abgesehen von der Möglichkeit (d)) auch noch auf einem anderen Wege die Abwertung vorbereiten und Wirkungen erzielen, die einer Devalvation gleichzusetzen wäre: Die Anforderungen der ökonomischen Gesetze werden nämlich auch in der Weise erfüllt, daß über das Gold in den verschiedensten Formen und Bewegungen schließlich die echten Wertrelationen hergestellt werden. Solche Formen sind: verstärkte Tendenz der Schatzbildung von Goldbarren; Erhöhung des Anteils sog. „verschwundenen" Goldes, d. h. des Teils der Goldproduktion, der nicht in die Währungsreserven der kapitalistischen Länder geflossen ist; Existenz „schwarzer" und „grauer" Goldmärkte, auf denen der Wert der Währungen in Form der Goldpreise realer als in den Kursen und Goldparitäten zum Ausdruck kommt.

Das Kriterium für die Wahl einer dieser Varianten wird in der Regel von der Erhaltung des staatsmonopolistischen Profitmechanismus als Ganzes, aber auch vom Kräfteverhältnis und den Interessengegensätzen zwischen den führenden kapitalistischen Industrieländern bestimmt sein.

In welchem Maße sich unter den Bedingungen des Kräfteverhältnisses in der Welt und in Abhängigkeit von dem konjunkturellen Zyklus die Positionen verändern, zeigt die Haltung Westdeutschlands: Im Jahre 1964 wurde durch den Bundesbankpräsidenten Blessing auf der Tokioter IWF-Tagung erklärt, daß nicht der Gold-Devisen-Standard, sondern die Wirtschafts- und Währungspolitik der einzelnen Länder verbessert werden müsse.[48] 1965 wurde zwar für die Aufrechterhaltung des Dollar als Hauptreservewährung plädiert, aber in Anlehnung an die Projekte von Rueff und Vocke ein einheitliches Verhältnis zwischen Gold und Devisen in den Währungsreserven (entweder 2/3 zu 1/3 oder 3/4 zu 1/4 Gold: Devisen) gefordert.[49] Unter dem Druck der veränderten Bedingungen für die Wirksamkeit des Gold-Devisen-Standards und der eigenen Struktur- und Überproduktionskrise gestand im Jahre 1966 Blessing die Unvermeidlichkeit einer Reform des internationalen Währungssystems ein und die Verhandlungen über die Schaffung zusätzlicher internationaler Liquidität innerhalb des IWF wurden begrüßt.[50] Die gegenwärtige Konzeption der herrschenden Kreise Westdeutschlands besteht nach ihren eigenen Aussagen in folgendem:

„Man wird eine solche, auf die Integration der Weltwirtschaft abgestellte Währungspolitik aber auf die Dauer nur betreiben können,
1. wenn das Leitwährungsland durch seine innere Stabilität — d. h. durch seine Geldwert- und Konjunkturstabilität — es den übrigen Mitgliedsländern des Systems erleichtert, feste Wechselkurse ohne allzu große Spannung hinsichtlich der eigenen inneren Stabilität aufrechtzuerhalten;
2. wenn die möglichen Spannungen zwischen festen Wechselkursen und den binnenwirtschaftlichen Zielen durch eine *enge Kooperation* zwischen den beteiligten Ländern und durch *gemeinsame Spielregeln für die Zahlungsbilanzpolitik* mit Erfolg verringert werden und
3. wenn man schließlich auch für ausreichende (aber wiederum nicht exzessive) *Elastizität* in der finanziellen Überbrückung temporärer Ungleichgewichte sorgt, wobei freilich der Gefahr von Mißbräuchen einer derartigen finanziellen *Elastizität* vorgebeugt werden muß"[51]

Diese Haltung Westdeutschlands ist das Ergebnis eines langwierigen Kampfes zwischen den imperialistischen Industriestaaten um die Vorherrschaft im internationalen Währungsmechanismus bei gleichzeitiger Aufrechterhaltung der bisherigen Regeln des IWF-Systems. Ausdruck dafür war ein schon 1961 vorgelegter Kompromiß in Form des *Jacobsson-Plans*[52], der zur Bildung des Pariser Clubs *vollkonvertibler* Währungen und damit zum Aufbau der sogenannten „zweiten Verteidigungslinie des IWF" führte. Der Übergang einer Reihe kapitalistischer Staaten von Artikel XIV auf Artikel VIII des IWF-Statuts hatte in diesem Zusammenhang nur formale Bedeutung. In der Folgezeit wurde dieser Plan durch die währungspolitische Aktivität der Gruppe der 10 währungsstärksten kapitalistischen Länder (neben USA und Großbritannien die EWG-Staaten, Schweden, Kanada und Japan), die währungspolitische Kooperation

[48] Blessing, K., Im Kampf um gutes Geld, Frankfurt/Main, 1966, S. 180
[49] A. a. O., S. 254/255
[50] A. a. O., S. 312
[51] Emminger, O., „Währungspolitik im Wandel der Zeit", Frankfurt/Main 1966, S. 207
[52] P. Jacobsson, „IWF — Summary Proceedings of the Sixteenth Annual Meeting of the Board of Governors" 1961, S. 27 und 157

auf der Grundlage des Baseler-Abkommens mit zusätzlicher internationaler Kreditgewährung und Goldpool ergänzt.

Der gegenwärtige Kompromiß läuft nicht auf die Akzeptierung des einen oder anderen Reformvorschlages hinaus, sondern auf die Kombination verschiedener Pläne. Dabei zeichnet sich der *Übergang zu einer neuen internationalen Währungsordnung* ab, ohne daß die beiden Leitwährungen und der bisherige IWF-Mechanismus formal und inhaltlich beseitigt werden. Alle Tendenzen weisen jedoch auf diesen Übergangsprozeß in zwei Richtungen hin:

1. Durch die Erhöhung des währungspolitischen Gewichts der sog. Zehner-Gruppe bildet sich faktisch ein System multipler Reservewährungen heraus (Multi-Currency-Standard). Da die Gläubigerländer der USA und Großbritanniens gegenwärtig die Risiken einer völligen Entmachtung von Dollar und Pfund als Leitwährungen noch nicht voll überblicken können, eine bestimmte Stabilität des Preismaßstabs im internationalen Handel angesichts der Erfordernisse der technischen Revolution notwendig erscheint und zugleich das währungspolitische Prestige gegenüber den sozialistischen Ländern gewahrt werden woll, wird das bisherige Leitwährungssystem in den angesteuerten Multi-Currency-Standard integriert. Damit werden jedoch Dollar und Pfund praktisch unter das Kuratel der Gruppe der Zehn gestellt. Bekanntlich sind Verbot des internationalen Goldhandels, Einstellung der vollen Konvertierbarkeit des Dollar in Gold oder ein doppeltes Goldpreisniveau mögliche Formen einer Aufwertung des Goldes bzw. einer Abwertung des Dollar, für die es Versuche — etwa Spaltung des Goldpreises zwischen Washington und London im Herbst 1960, Ablieferungspflicht des Goldbesitzes von USA-Bürgern im Ausland, Antrag auf Beseitigung der Golddeckungsklausel des Geldumlaufs in den USA — bereits gibt.

2. Die im Sommer 1967 getroffenen Vereinbarungen über die Erweiterung der internationalen Liquidität in Form von sog. Sonderziehungsrechten auf den IWF, die voraussichtlich den Gesamtbestand an internationalen Zahlungsmitteln um rund 15% erhöhen werden, stellen zwar noch Kreditfazilitäten, d. h. Mittel mit Rückzahlungspflicht an den IWF dar, jedoch handelt es sich nicht mehr um einer „Vorsorge" für den Eventualfall, sondern um ein bereits ab 1968/69 wirksames System, das nach Ablauf einer Frist von 5 Jahren offensichtlich in die Form „kollektiver Reserveeinheiten" (CRU) überführt werden kann. Die EWG-Staaten haben sich bei der Limitierung der zusätzlichen internationalen Liquidität ein *Vetorecht* vorbehalten, eine Sperrminorität im IWF wäre der nächste Schritt.

Wenn auch gegenwärtig die Veränderungen in der internationalen Währungsorganisation sich nur innerhalb des IWF vollziehen, so drängen alle Entwicklungstendenzen auf eine solche Veränderung, in deren Ergebnis nach einer mehr oder weniger langen Übergangszeit eine neue Organisationsform der internationalen Geldbeziehungen entsteht. Zweifellos zwingen die gegenwärtigen Veränderungen währungstechnischer Art perspektivisch zu weiteren Schritten, da von der Ausweitung des internationalen Kreditmechanismus nur *kurzfristige Effekte* ausgehen können. Bereits die Entwicklung von 1961 bis heute hat gezeigt, daß die Erweiterung der internationalen Liquidität systematisch vom IWF über traditionelle Reserven zu neuen Reservemedien voranschreitet, so daß die kurzfristige Ausschöpfung des Kreditspielraums immer wieder eine neue Stufe der „Kredit-Eskalation" erfordert.

Die währungspolitische Risikosicherung gegenüber den Reservewährungen über die Ausnutzung des IWF und der internationalen Kooperation ist nur *mittelfristig* wirksam. Deshalb dürften in einem Zeitraum von 5–6 Jahren, sofern die internationale Liquiditätserweiterung nicht zur Strukturveränderung auf dem Binnen- und Außenmarkt der USA und Großbritanniens beiträgt, Paritäts- und Kurskorrekturen auch in Form flexibler Kurse durchaus im Bereiche der Möglichkeit liegen.

Die Auffassung, daß nur feste Valutakurse eine Stütze der Integration darstellen, ist nur für kurze Zeiträume, aber nicht perspektivisch vertretbar.

Langfristig dürften die ständigen Ab- und Überwälzungen der systemimmanenten Widersprüche des Gold-Devisen-Standards nicht mehr durch Liquiditätserweiterungen, internationale Verschuldung und flexible Kurse abgefangen werden können. Die Zuspitzung der Widersprüche kommt in einer ständigen Tendenz zur Korektur des Goldpreises zum Ausdruck. Sie dürfte weniger eine Notwendigkeit der Stimulierung des Reproduktionsprozesses durch Erweiterung der Liquidität als vielmehr zwangsläufige Folge der wachsenden Risiken einer Dollar- und Pfundabwertung sein, die schließlich im Gold manifestiert werden.

Andere Perspektiven würden sich jedoch dann ergeben, wenn eine *demokratische* Alternative in der Reformierung des Gold-Devisen-Standards angesteuert werden würde; denn die Arbeiterklasse muß eine auf Diskriminierung und Vormachtstreben orientierte Währungspolitik ablehnen. Nur eine gleichberechtigte Zusammenarbeit auf der Grundlage der Politik der friedlichen Koexistenz und eines weltweiten offenen Handels entspricht den Interessen der Arbeiterklasse.

Dazu wäre im Konkreten erforderlich:

1. Durch die Eindämmung solcher Inflationsquellen wie Rüstungswirtschaft, Einstellung des Vietnamkrieges, defizitäre Haushaltswirtschaft, bevorzugte kreditpolitische Förderung der Monopole würde der innere Funktionsmechanismus der Währungen erheblich stabilisiert werden können.
2. Weder die Rückkehr zum Goldstandard noch die Schaffung neuen internationalen Geldes bringen eine langfristige Lösung der Konflikte der gegenwärtigen internationalen Währungsorganisation. Es wäre das Erfordernis einer demokratischen Währungspolitik, auf der Grundlage eines weltoffenen Handels auf eine solche Struktur internationaler Wirtschaftsbeziehungen hinzuarbeiten, die einen realen Ausgleich der Zahlungsbilanzen ohne Verschuldung und ohne große Schwankungen und Ausschläge ihrer Salden sichern würde. Unter diesen Bedingungen können dann auch die Abwehrmaßnahmen einer unter demokratischer Kontrolle stehenden Devisenzwangswirtschaft abgebaut werden.
3. Die währungspolitische Vorherrschaft der Gruppe der Zehn, die im Prinzip auf der Abkapselung der regionalen Märkte untereinander beruht, muß im Rahmen eines demokratischen Alternativprogramms durch eine Währungspolitik ersetzt werden, die auf der Internationalisierung des Wirtschaftslebens aufbauend ungehinderte Beziehungen zu allen Partnern des Weltmarktes ermöglicht.

Konjunktur und Krise, Band 11, Seite 279—290 (1967)

Zu den Determinanten des Außenhandels im Kapitalismus

Rudi Gündel

Das Wirtschaftswachstum in den Ländern des Sozialismus wie des Kapitalismus wird zunehmend vom Außenhandel beeinflußt. Fragen des Umfangs, der Dynamik und der Strukturveränderungen des Außenhandels erlangen so für die auf wirtschaftliches Wachstum ausgerichtete Politik und für wachstumstheoretische Forschungen an Gewicht. Hieraus erklärt sich wohl auch hauptsächlich das verstärkte Interesse bürgerlicher Ökonomen für das Problem der Determinanten des Außenhandels. Ihre diesbezüglichen Arbeiten sind auch für marxistische Ökonomen in verschiedener Hinsicht — interessantes Material, Fragestellungen und verwandtes Instrumentarium — anregend. Dabei ignorieren sie aber nach wie vor die Auffassungen von Marx über Außenhandels- und Weltmarktbeziehungen. Ein besonderes Anliegen dieses Artikels ist es daher auch zu zeigen, daß heute — 100 Jahre nach Erscheinen des ersten Bandes des „Kapital" — die Marx'schen Thesen über die Rolle und Funktionen des Außenhandels im Kapitalismus noch gültig als Ausgangspunkt für die Analyse dieser Frage sind.

I

Bürgerliche Ökonomen verweisen in ihren Arbeiten der letzten Jahre häufig auf Mängel der Außenwirtschaftstheorie. Der reinen, sich mit den realwirtschaftlichen Grundlagen des Außenhandels befassenden Theorie, könne, so heißt es manchmal, kein sehr großer Erklärungswert hinsichtlich des wachsenden Welthandels der Nachkriegszeit zugesprochen werden, weil dessen Bewegungen nicht gut mit den Aussagen der Theorie in Übereinstimmung gebracht werden könnten. Dementsprechend werden darum für die Nachkriegszeit die Determinanten des Außenhandels ergänzt oder auch neu formuliert.

Kernstück der nichtmarxsistischen Außenhandelslehre bildet die Theorie der komparativen Kosten — allerdings nicht mehr auf der (wenn auch inkonsequenten) arbeitswerttheoretischen Grundlage Ricardos, sondern auf den „Substitutionskosten" oder den „Realkosten" basierend. Sie bildet die qualitative Seite der Theorie, die die Frage nach den Ursachen des Außenhandels und nach der Art der jeweils zum Austausch gelangenden Waren beantwortet. Die quantitative Seite der Theorie versucht dagegen die Frage zu erklären, welche Mengen von Waren jeweils ausgetauscht werden und durch welche Faktoren das reale Austauschverhältnis bestimmt wird.

Uns interessiert in diesem Zusammenhang die qualitative Seite der Theorie, also die Aussagen über die Ursachen und die Art des Außenhandels. Die Frage nach den Ursachen des Außenhandels wird nach Ansicht von Vertretern dieser Theorie durch den „Beweis der allgemeinen Vorteilhaftigkeit" eines solchen Austausches erbracht.

„Die Frage nach der Art der jeweils zum Austausch gelangenden Güter aber wird mit dem Beweis beantwortet, daß ein Land immer diejenigen Güter ausführt, für deren Erzeugung es die günstigsten Bedingungen besitzt und diejenigen Güter einführt, für deren Erzeugung die Voraussetzungen im eigenen Land ungünstiger sind als in den Ländern, aus denen diese Güter eingeführt werden."[1]

Selbstverständlich enthalten diese Zusammenhänge, die schon in Ricardos Theorie enthalten sind, einen rationellen Kern. Richtig ist, daß durch die internationale Arbeitsteilung positive Effekte hinsichtlich der Arbeitsproduktivität und demgemäß des stofflichen Reichtums erzielt werden, die auch zwischen Ländern mit unterschiedlichem Niveau der Produktivität erreichbar sind. Der „Beweis über die allgemeine Vorteilhaftigkeit" des Außenhandels und der internationalen Arbeitsteilung beantwortet aber keineswegs die Frage nach den Ursachen des Außenhandels im Kapitalismus, da diese vor allem aus dem Verwertungsproblem des Kapitals herzuleiten sind. Aber gerade das vermieden die bürgerlichen Ökonomen. Der weitere Ausbau der Theorie ging vielmehr von der Schwäche der Ricardo'schen Position aus. Die Erweiterung erfolgte vor allem durch die Einbeziehung der Ursachen über die Kostendifferenzen, die außer in Produktivitätsunterschieden hauptsächlich in der unterschiedlichen Ausstattung der Länder mit Produktionsfaktoren gesehen werden.

Eine Lehrbuchfassung über die Ursachen des Außenhandels (und der internationalen Bewegung von Produktionsfaktoren) der nichtmarxistischen Theorie lautet demgemäß:

„Der internationale Austausch von Gütern, Leistungen und Produktionsfaktoren im allgemeinen und der internationale Handel im besonderen sind letztlich auf Unterschiede der Standortgunst in den einzelnen Ländern, die eine verschiedene Knappheit der Produktionsfaktoren zur Folge haben, zurückzuführen ... Aus der unterschiedlichen Knappheit der Produktionsfaktoren können einerseits internationale Unterschiede in den Preisen der einzelnen Produktionsfaktoren resultieren: sie führen zu Bewegungen von Arbeit und Kapital an die Orte des höheren Reallohns bzw. -zinses. Unterschiedliche Preise von Boden, Kapital und Arbeit äußern sich anderseits in entsprechenden Preisdifferenzen der Fertigprodukte; diese führen dann zum internationalen Handel und Dienstleistungsverkehr."[2]

Jedes Land wird diesen Thesen zufolge die Waren exportieren, bei deren Produktion es relativ viel der im Inland billigen Faktoren einsetzen kann und die Waren einführen, zu deren Herstellung relativ viel von den im Inland teuren Faktoren erforderlich ist.

Diesen Thesen liegen eine beträchtliche Anzahl von Annahmen zugrunde, über die hier nur soviel gesagt werden kann, daß sie größtenteils auf einer unzulässigen Abstraktion beruhen. Die in die Augen springende Diskrepanz zwischen diesen Behauptungen und der wirklichen Entwicklung der kapitalistischen Weltwirtschaft mit der sich vertiefenden Kluft zwischen den entwickelten und ökonomisch noch schwachen Ländern, mit den die internationale Arbeitsteilung verzerrenden Tendenzen zur Blockbildung beweisen dies.

Natürlich ergibt sich aus dem Zwang zur Verwertung des Kapitals, zur ständigen Expansion, das Bestreben der einzelnen Kapitale und Monopole, alle sich

[1] Albrecht Forstmann, Die Grundlagen der Außenwirtschaftstheorie, (West-)Berlin 1956, S. 31

[2] Alfred Kruse, Außenwirtschaft. Die internationalen Wirtschaftsbeziehungen, 2. Auflage, (West-)Berlin 1965, S. 13

bietenden Preisvorteile auszunutzen, aber hierbei handelt es sich nur um einen von zahlreichen Faktoren.

Das förderten auch die von bürgerlicher Seite in den letzten Jahren vorgenommenen zahlreichen empirischen Überprüfungen der Theorie zutage, die im Anschluß an eine Arbeit des amerikanischen Ökonomen Leontief vorgenommen wurden. Leontief wertete seine Strukturanalyse der amerikanischen Wirtschaft auch bezüglich des Außenhandels aus und gelangte dabei zu Thesen, die der allgemein anerkannten Lehrmeinung widersprachen. Leontief stellte zusammenfassend u. a. fest:

> „Die empirische Detailanalyse in dem vorliegenden Aufsatz zeigt, daß amerikanische Exporte im Durchschnittswert von einer Million Dollar wesentlich weniger Kapital und etwas mehr Arbeit enthalten als benötigt würde, um eine entsprechende Menge amerikanischer konkurrenzfähiger Importe durch heimische Produkte zu ersetzen. Amerikas Beteiligung an der internationalen Arbeitsteilung ist auf seiner Spezialisierung auf arbeitsintensive statt auf kapitalintensive Erzeugnisarten aufgebaut. Mit anderen Worten ausgedrückt benutzt dieses Land den Außenhandel zur Ersparung von Kapital und zur Verwendung seines Arbeitsüberschusses und nicht umgekehrt."[3]

Nach der skizzierten Lehre hätten die empirischen Untersuchungen genau das gegenteilige Resultat haben müssen, denn die USA gelten ja gemeinhin als „kapitalreich" und müßten demzufolge in erster Linie kapitalintensive Produkte exportieren und arbeitsintensive Waren importieren.

In der Folgezeit wurden ähnliche Untersuchungen für eine ganze Reihe entwickelter Länder durchgeführt, und sie bestätigten im wesentlichen die Leontiefschen Resultate, so daß eigentlich nur noch bürgerliche Dogmatiker vom sogenannten Leontief-Paradoxon sprechen könnten.

Die westdeutschen Ökonomen Hesse und Walter G. Hoffmann haben gleichfalls an Hand umfangreicher empirischer Analysen, letzterer am Beispiel des deutschen bzw. westdeutschen Außenhandels, den relativ geringen Erkenntniswert der allgemeinen Außenhandelstheorie bezüglich der konkreten Entwicklung seit dem II. Weltkrieg nachgewiesen.[4]

In seiner interessanten Arbeit geht Hesse von den Preisen aus. Seinen Ausgangspunkt formuliert er u. a. so:

> „Wären, wie die Theorie lehrt, Preisunterschiede eine notwendige Bedingung dafür, daß der Außenhandel zustande kommt, dann dürfte ein und dasselbe Erzeugnis nicht zugleich vermehrt ein- und ausgeführt werden."[5]

Seine umfangreichen empirischen Untersuchungen ergeben aber gerade ein solches Ergebnis. Er untersucht den Außenhandel von 52 Waren für 13 entwickelte kapitalistische Länder für die Jahre 1953 und 1961. Er nimmt dreistellige Gruppen aus den Erzeugnishauptgruppen 5 (chemische Erzeugnisse), 6 (Grundstoffe und Halbwaren), 7 (Maschinen und Fahrzeuge) und 8 (Gebrauchsgüter) des Klassifi-

[3] W. Leontief, Domestic Production and Foreign Trade . . ., in: Economia Internazionale Volume VII, Num. 1, S. 42

[4] Vgl. Helmut Hesse, Die Bedeutung der reinen Theorie des internationalen Handels für die Erklärung des Außenhandels in der Nachkriegszeit, in: Zeitschrift für die gesamte Staatswissenschaft, 122. Bd., April 1966; Walter G. Hoffmann, Strukturwandlungen im Außenhandel der deutschen Volkswirtschaft seit der Mitte des 19. Jahrhunderts, Kyklos, Vol. XX, 1967, Fasc. I, S. 301

[5] Helmut Hesse, a. a. O., S. 226

kationsschemas SITC. Er ermittelt nun für jede Ware die Anteile des Defizit- und des reinen Austauschhandels. Den Überschuß des Imports über den Export (jeweils für ein Land) bezeichnet er als Defizithandel, während jener Teil, zu dem die Importe und Exporte gleich sind, den reinen Austauschhandel mißt. Er kommt zu dem Ergebnis, daß sich bei den der Untersuchung zugrundeliegenden 52 Waren nur in 7 Fällen ein Sinken der Quote des Austauschhandels zeigt, während bei den übrigen 45 Waren diese Quote ansteigt.

„Es liegt deshalb nahe anzunehmen", so schlußfolgert Hesse, „daß der wachsende Welthandel der Nachkriegszeit nicht mit einer durch komparative Preisdifferenzen diktierten Arbeitsteilung einhergeht und demnach der reinen Theorie des internationalen Handels kein sehr großer Erklärungswert für diese Zeit zugesprochen werden kann."[6]

Die wichtigsten Gründe für die Entwicklung des reinen Austauschhandels lassen sich nach Hesse und Hoffmann unter den Begriff Produktdifferenzierung zusammenfassen. Sie betrachten dabei zwar sowohl die Angebots- wie die Nachfrageseite, aber sie beginnen nicht nur mit der letzteren, sie legen auch das Schwergewicht auf die letztere. Danach ist die Produktdifferenzierung eine Folge des steigenden Pro-Kopf-Einkommens und dieses bringt auf seiten der Nachfrager Präferenzen hervor, die ständig größere Bedeutung erlangen. „Im Extremfall spielt der Preis nur noch eine untergeordnete Rolle." Die Produktdifferenzierung bei den Konsumgütern zeitigen nun entsprechende Rückwirkungen auf die Investitionsgüter und Halbwaren, die zu einem differenzierteren Sortiment führen. Zum letzteren würden aber auch die mangelnde Marktübersicht, Markenvorstellungen und Präferenzen für bestimmte Firmen beitragen. Von der Angebotsseite werde die Produktdifferenzierung durch die Konkurrenz um die Kaufkraft des Konsumenten gefördert. Aber auch hier wird sofort der Bezug zur Nachfrage hergestellt, denn in dem Bemühen um die Kaufkraft der Konsumenten „stellen sich die Unternehmer auf die Präferenzen der Nachfrager ein", wenn dann auch hinzugefügt wird, daß die Hersteller mit verschiedenen Methoden versuchen (Werbung, Markenartikel usw.), Präferenzen zu erwecken.

In diesen Arbeiten werden einige neue Erscheinungsformen und Beziehungen der Außenhandelsverflechtung zwischen den entwickelten kapitalistischen Ländern erfaßt und beschrieben. Sie vermitteln insoweit (Austauschhandel, Elastizitätsberechnungen usw.) interessante Einblicke in bestimmte Tendenzen der Marktentwicklung und spezifische Seiten des Prozesses der Internationalisierung des Wirtschaftslebens.

Ihr Mangel besteht aber gleichfalls darin, daß die verschiedenen, im Außenhandel zutage tretenden Zusammenhänge nur unzureichend von den bewegenden Kräften des Kapitalismus und seinem Ziel hergeleitet werden. Die Ursachen in den Veränderungen des Außenhandels werden primär in Zirkulations- und Distributionsvorgängen und erst sekundär in den Produktionsbedingungen gesehen. Die geschichtliche Entwicklung des Außenhandels und der internationalen Arbeitsteilung zeigt aber eindeutig, daß sich ihre wesentlichsten Determinanten aus den jeweiligen Produktionsverhältnissen ergeben, welche die Bedingungen, Wirkungsgrade, Funktionen, Entwicklungen und historischen

[6] Ebenda, S. 234

Ergebnisse in dialektischer Wechselwirkung mit den Produktivkräften entscheidend bestimmen.[7]

Der stagnierende Außenhandel und die Tendenzen zum Abbau der internationalen Arbeitsteilung während der Zwischenkriegsperiode wie deren dynamische Entwicklung in der Nachkriegszeit können kaum befriedigend erklärt werden, wenn nicht von den spezifischen Bedingungen der Kapitalverwertung ausgegangen wird. Auch wenn wir einzelne Fakten betrachten, führt uns das auf die grundlegenden Zusammenhänge zurück. Wenn z. B. auch heute noch die ehemaligen englischen und französischen Kolonien Afrikas den größten Teil ihres Handels mit England bzw. Frankreich bestreiten, so läßt sich das weder mit dem Theorem der komparativen Kosten noch mit irgendwelchen Präferenzen erklären. Hierin zeigen sich vielmehr noch vorhandene ökonomische Abhängigkeiten, die sich ihrerseits aus den Resultaten der vorangegangenen Expansion des britischen bzw. französischen Kapitals herleiten. Wenn bei Untersuchungen über die Determinanten des Außenhandels und der internationalen Arbeitsteilung im Kapitalismus nicht wesentliche Tatbestände unberücksichtigt bleiben sollen, dann kann vom Kampf um Marktanteile, Einflußsphären, Vormachtpositionen nicht abstrahiert werden. Das setzt aber voraus, daß von den spezifischen Bedingungen der kapitalistischen Produktion ausgegangen wird.

II

Marx hat bekanntlich die Leistungen der klassischen bürgerlichen politischen Ökonomie, vor allem die Arbeiten von A. Smith und D. Ricardo, hoch eingeschätzt. Das bezieht sich auch auf die außenwirtschaftlichen Aspekte ihrer Lehre, namentlich auf die Theorie der komparativen Kosten. Aber er deckte gerade auch im Zusammenhang mit dieser Theorie den allgemeinen Mangel der Ricardo'schen Lehre auf, der vor allem darin besteht, daß er die spezifische Form des bürgerlichen Reichtums, den Wert, als „etwas nur Formelles, ihren Inhalt nicht Ergreifendes" betrachtet. Demgemäß konnte Ricardo auch die eigentliche Ursache des Außenhandels nicht aus dem Wesen des Kapitalismus ableiten.

Erst Marx schuf mit der Analyse des Doppelcharakters der Arbeit und des Produktionsprozesses und der hierauf aufbauenden widerspruchsfreien Ableitung der Lehre vom Mehrwert und Profit die Voraussetzung zur Überwindung dieser Einseitigkeit.

Ausgangspunkt ist für Marx der Doppelcharakter des kapitalistischen Produktionsprozesses. Er ist einerseits ein Arbeitsprozeß zur Herstellung von Gebrauchswerten; und er ist andererseits zugleich ein Verwertungsprozeß zur Erzielung des Mehrwerts, des Profits. Nur diese letztere Seite bildet den treibenden, den wesentlichen Faktor der Produktion. Die Herstellung von Gebrauchswerten ist hingegen nur Mittel zum Zweck; der Ausbau von Produktionsanlagen, Vertriebsorganisationen usw. ist dementsprechend bloß eine Funktion der Verwertung.

> „Die Produktion für den Wert und den Mehrwert schließt . . . die stets wirkende Tendenz ein, die zur Produktion einer Ware nötige Arbeitszeit, d. h. ihren Wert,

[7] Vgl. Gunther Kohlmey und Autorenkollektiv, Nationale Produktivität, dynamische Produktionen, internationale Arbeitsteilung, Berlin 1966, S. 15

unter den jedesmal bestehenden gesellschaftlichen Durchschnitt zu reduzieren. Der Drang zur Reduktion des Kostpreises auf sein Minimum wird der stärkste Hebel zur Steigerung der gesellschaftlichen Produktivkraft der Arbeit, die aber hier nur als beständige Steigerung der Produktivkraft des Kapitals erscheint."[8]

Die hier zum Ausdruck gelangende Tendenz zur absoluten Entwicklung der Produktivkräfte muß aber immer wieder in Widerspruch geraten zum allgemeinen Ziel der kapitalistischen Produktion, das auf die „Erhaltung des existierenden Kapitalwerts und seine Verwertung im höchsten Maß (d. h. stets beschleunigten Anwachsens dieses Werts)" gerichtet ist.[9] Es entstehen dadurch Hemmnisse für die Produktion des materiellen Reichtums, die sich aus der spezifisch bürgerlichen Natur des Reichtums ergeben. Ihr gemeinsamer Nenner ist, daß Produktion und Verwertung eine Einheit bilden müssen. Da diese nicht unmittelbar gegeben ist, kann sie sich nur als ein an bestimmte Bedingungen geknüpfter Prozeß herstellen. Einer seiner charakteristischen Züge besteht darin, daß sich der „innere Widerspruch" durch „Ausdehnung des äußeren Feldes der Produktion" auszugleichen sucht. Hier ist die Marx'sche Feststellung, daß im Begriff des Kapitals die Tendenz zur Schaffung des Weltmarkts enthalten sei, auf die knappste Formel gebracht und begründet.

Bei der Analyse des inneren Widerspruchs und seiner Lösungsmöglichkeiten ist es zweckmäßig, nach den verschiedenen Methoden der Mehrwertproduktion, der absoluten und relativen, vorzugehen.

Die Schöpfung von absolutem Mehrwert durch das Kapital ist in den ersten Entwicklungsstadien des Kapitalismus die vorherrschende Methode. Die Technik war noch verhältnismäßig primitiv und entwickelte sich nur langsam. Der Verwertungsdrang des Kapitals entlud sich in der maßlosen Verlängerung des Arbeitstages. Die Realisierung der angewachsenen Produktion — der Voraussetzung gemäß stellt sich der Produktionszuwachs ausschließlich als absoluter Mehrwert dar — hat zur Bedingung, daß sich die Zirkulation entsprechend erweitert. Der angewachsene absolute Mehrwert in einem Betrieb, Produktionszweig, Region oder in einem Land erfordert die Produktion von absolutem Mehrwert in einem anderen Betrieb, Zweig, Region oder Land, gegen den er sich austauschen kann.

„Wie das Kapital daher einerseits die Tendenz hat, stets mehr Surplusarbeit zu schaffen, so die ergänzende mehr Austauschpunkte zu schaffen; d. h. hier vom Standpunkt des *absoluten* Mehrwerts oder Surplusarbeit aus, mehr Surplusarbeit als Ergänzung zu sich selbst hervorzurufen; au fond die auf dem Kapital basierte Produktion, oder die ihm entsprechende Produktionsweise zu propagieren."[10]

Unter den hier gemachten Voraussetzungen — Steigerung der Produktion ist identisch mit Erhöhung des absoluten Mehrwerts — könnte die Einheit von Produktion und Verwertung nur dadurch gesichert bleiben, daß die „Austauschpunkte" in gleichem Maße zunehmen. Die extensive Ausbreitung des Kapitalismus sowohl im Innern des Landes wie auf dem Weltmarkt stellt die notwendige Bedingung dar. Vorkapitalistische Produktionsformen erweisen sich dagegen als Schranken der Produktion, da sie die Austauschsphäre beengen. Bei den hier gemachten Annahmen stellen sich die Schwierigkeiten der realen Ver-

[8] Karl Marx, Das Kapital, Bd. III, S. 937
[9] Ebenda, S. 277
[10] Karl Marx, Grundrisse der Kritik der politischen Ökonomie, Berlin 1953, S. 311

wertung des Kapitals: die Verwandlung des Warenkapitals, einschließlich des in ihm enthaltenen Mehrwerts, in die Geldform des Kapitals gerade in entgegengesetzter Weise dar, als sie in der Akkumulationstheorie von Rosa Luxemburg und in ähnlichen Theorien erscheinen. Die Existenz des nichtkapitalistischen Milieus erscheint als ein Hemmnis der Realisierung und nicht als eine unerläßliche Bedingung der Realisierung des Mehrwerts. Da das Kapital seine Produktionsweise „propagiert" — außer der gewaltsamen Trennung der Produzenten von ihren Produktionsmitteln, tut es das mit den wohlfeilen Preisen seiner Waren — arbeitet es ständig an der Überwindung dieser Schranke. Aber jede zu langsame Vermehrung oder Ausweitung der Tauschpunkte im Verhältnis zum anschwellenden absoluten Mehrwert führt zu Schwierigkeiten der Realisierung mit nachfolgender Stockung der Produktion, wodurch die Produktivkräfte in das gegebene Korsett der Verwertungsbedingungen eingeschnürt werden.

Die Zusammenhänge werden vielfältiger und komplizierter, wenn die Annahme der gleichbleibenden Produktionstechnik fallengelassen wird, also die Bedingungen des Anwachsens des relativen Mehrwerts mit einbezogen werden. Die Produktion des relativen Mehrwerts, d. h. die auf Vermehrung und Entwicklung der Produktivkräfte gegründete Produktion von Mehrwert, erfordert als weitere allgemeine Bedingung die „Produktion neuer Konsumtion". Verdoppelt sich beispielsweise die Arbeitsproduktivität in einem Produktionszweig und bleibt der Bedarf der Gesellschaft an diesem spezifischen Erzeugnis konstant, so wird die Hälfte des Kapitals freigesetzt, so muß für dieses Kapital ein neuer, qualitativ verschiedener Produktionszweig geschaffen werden, der ein neues Bedürfnis befriedigt und hervorbringt. Nur unter diesen Bedingungen kann sich der Wert des freigesetzten Kapitals erhalten, kann sich das Kapitalverhältnis in neuer Form herstellen. Der Drang des Kapitals nach immer intensiverem Stoffwechsel mit der Natur, seine rastlose Suche nach immer neuen brauchbaren Gegenständen und neuen nützlichen Eigenschaften der Dinge, hat vor allem hierin seine Triebkräfte.

Hierin zeigt sich ein weiterer Aspekt der dem Kapitel immanenten Notwendigkeit zum universellen Austausch, zur Verwandlung der Produkte aller Klimazonen und Länder in Tauschobjekte. Gleichzeitig kann man bei Unterstellung einer ständig ansteigenden Arbeitsproduktivität — nur so kann der relative Mehrwert ansteigen — nicht stehenbleiben bei der Feststellung, daß sich die Zirkulation ständig erweitern muß. Würde man, wie im ersten Fall, die Lösung des Widerspruchs nur in der Ausdehnung der produktiven Zirkulation sehen, dann würde man zu mechanistischen Konstruktionen gelangen, wie besipielsweise denen von Tugan-Baranowski. Nach diesen funktioniert der Kapitalismus auch dann, wenn sich die Gesamtnachfrage nach Konsumgütern unbegrenzt verringert, sofern eine entsprechende Nachfrage nach zusätzlichen Produktionsmitteln an ihre Stelle tritt.[11]

Die bei erweiterter Reproduktion, vor allem unter den Bedingungen, einer rasch anwachsenden organischen Zusammensetzung des Kapitals tatsächlich gegebene „Produktion für die Produktion" wird in dieser Konstruktion verabsolutiert. Das dialektische Verhältnis zwischen den beiden Abteilungen der Reproduktion wird faktisch aufgehoben. Das ist aber die Konsequenz des

[11] Michael von Tugan-Baranowski, Studien zur Theorie und Geschichte der Handelskrisen in England, Jena 1901, Kap. I, S. 1—38

Ausgangspunktes, da die Existenz eines spezifischen Marktproblems des Kapitalismus, resultierend aus dem Verwertungsstreben des Kapitals, geleugnet wird.

In diesem zweiten Fall äußert es sich in der Bedingung, daß sich auch der konsumtive Zirkel innerhalb der Zirkulation erweitern muß. Nach Marx kann das auf dreifache Art geschehen:

> „Erstens quantitative Erweiterung der bestehenden Konsumtion; zweitens: Schaffen neuer Bedürfnisse dadurch, daß vorhandne in einem größren Kreis propagiert werden; drittens: Produktion neuer Bedürfnisse und Entdeckung und Schöpfung neuer Gebrauchswerte."[12]

Die Erhöhung der Arbeitsproduktivität als Methode zur Steigerung des relativen Mehrwerts bedingt daher ein stets sich erweiterndes und umfassenderes System von Arbeits- und Produktionsarten, denen ein stets erweitertes und reicheres System von Bedürfnissen entsprechen muß, eine Bedingung, die natürlich in der Realität nicht unmittelbar gegeben ist.

Der objektive Zwang zur Erweiterung der individuellen Konsumtion wird in den Perioden und Ländern, in denen das Kapital den Mehrwert in erster Linie nur durch diese letztere Methode zu erhöhen vermag um so stärker, je mehr Kapital aus schon bestehenden Anlagesphären freigesetzt wird.

Nach dem Vorherrschen entweder der einen oder der anderen Methode heben sich daher auch zwei Perioden des Kapitalismus ab. In der ersten dehnt sich der Markt vorwiegend extensiv aus. Das Produzieren von unmittelbar nicht in den Austausch eingehenden Gebrauchswerten wird mit der Entwicklung der kapitalistischen Produktionsverhältnisse verdrängt. In der marxistischen Literatur wurde häufig nur dieser Prozeß als echte Markterweiterung bezeichnet.[13] Er ist natürlich auch faßbarer und ist eher als ein dynamischer Vorgang der Markterweiterung zu begreifen als der mit der relativen Mehrwertproduktion verbundene intensive Prozeß der Markterweiterung, der an viel mehr Bedingungen — und solche gegensätzlicher Art — geknüpft ist.

Von diesen theoretischen Gesichtspunkten her gesehen geht es bei der Frage der Notwendigkeit des Außenhandels (wie anderer Formen der Internationalisierung des Wirtschaftslebens) nicht nur schlechthin um den Absatz oder Bezug von Waren außerhalb von Staatsgrenzen. Sie ist in dem allgemeineren Problem der Formen und Methoden der Markterweiterung einbegriffen. Außenhandel und Weltmarkt erhalten dabei aber insofern eine besondere Bedeutung, als durch sie erst der Zusammenhang zwischen den mannigfaltigsten Bedingungen und Unterschieden der Produktionsarten hergestellt wird und so die Anlässe, Möglichkeiten, Leichtigkeiten und Beweggründe für die Realisierung des Expansionstriebs des Kapitals vermehrt werden.

Eben diese Mannigfaltigkeit der Bedingungen ist für die Bewegung und Entwicklung des Widerspruchs zwischen Produktion und Verwertung — wenn man ihn in seinen allgemeinen Formen faßt — unabdingbar. Im Außenhandel, wie in allen Formen der Internationalisierung des Wirtschaftslebens, zeigt sich daher auch der fortwährende Versuch des Kapitals, gewissermaßen den Weg des geringsten Widerstands gehend, die inneren Widersprüche der kapitalistischen

[12] Karl Marx, Grundrisse . . ., S. 312

[13] Vgl. z. B. Eugen Varga, Theoretische Probleme der Ökonomik des „Gemeinsamen Marktes", in: Sowjetwissenschaft, Gesellschaftswissenschaftliche Beiträge, Jg. 1963, H. 2, S. 175—187

Produktionsweise durch die Ausdehnung des äußeren Feldes der Produktion auszugleichen, auf einer höheren Ebene zu reproduzieren. Der Außenhandel ist so Ausdruck des Grundwiderspruchs und wird von ihm beherrscht.

Neben ihrer Rolle beim Entstehen von neuen Kapitalanlagesphären und neuen Bedürfnissen treten die Wirkungen des Außenhandels und der internationalen Arbeitsteilung vor allem bei der Verminderung der Produktions- und Zirkulationskosten und beim Wertzuwachs bzw. -abzug durch internationale Umverteilungsprozesse zutage. Sie sind in dieser Hinsicht, soweit es ihre unmittelbaren Einflüsse betrifft — mit Ausnahme des Falles bei Wertabzug —, wichtige, dem Fall der Profitrate entgegenwirkende Faktoren. Mittelbar und in der Folge zeitigen sie das entgegengesetzte Resultat: Indem sie das Anwachsen des Reichtums in seiner stofflichen und wertmäßigen Form stimulieren, verstärken sie auch die Tendenzen zur Erhöhung der organischen Zusammensetzung des Kapitals und beschleunigen den Konzentrations- und Zentralisierungsprozeß der Produktion und des Kapitals.

Außenhandel und internationale Arbeitsteilung sind daher (wie auch z. B. der technische Fortschritt) nur relative Lösungsformen der kapitalistischen Widersprüche, die sich in ihren Grundlagen zugleich weiter vertiefen und dadurch ihrerseits die Bedingungen des Außenhandels verändern. Heute werden der Umfang des Außenhandels und die Richtung in der Entwicklung der internationalen Arbeitsteilung wesentlich durch nationale und internationale Monopolzusammenschlüsse, durch die spezifische staatsmonopolistische Wirtschaftspolitik in den einzelnen Ländern und durch das Wirken der überstaatlichen Gebilde mitbestimmt. Da dadurch die naturgegebene Grundlage des Außenhandels und der internationalen Arbeitsteilung — ihr liegen die unterschiedlichen Produktivitätsgrade der Arbeit infolge der Unterschiede im Klima, der Verteilung der Bodenschätze, der Oberflächengestaltung, der Verkehrslage usw. zugrunde — nicht beseitigt wird (obwohl auch sie Veränderungen unterworfen ist), nimmt die Zahl der bestimmenden Faktoren zu. Damit wird es noch schwieriger als es ohnehin schon war, prognostische Aussagen über die Dynamik und Entwicklungstendenzen des Außenhandels und der internationalen Arbeitsteilung des kapitalistischen Weltwirtschaftssystems zu machen.

III

Der Außenhandel entwickelte sich im Verlauf der Nachkriegszeit im einzelnen zwar sehr unterschiedlich, insgesamt aber — im Vergleich zur Zwischenkriegsperiode und wohl auch noch zu früheren Zeitabschnitten — außerordentlich dynamisch. Nach den Berechnungen des Statistischen Amtes der Vereinten Nationen stiegen die Exporte im kapitalistischen Weltsystem allein im Zeitraum von 1954 bis 1965 von 72,2 auf 155,1 Md. Dollar zu laufenden Preisen, was eine Steigerung um 114% bedeutet. Die Exporte der entwickelten kapitalistischen Länder stiegen dabei fast 2½mal so schnell wie die der ökonomisch schwachen Länder. Für erstere ergibt sich ein Anstieg um 140% (von 50,7 auf 121,5 Md. Dollar), für letztere dagegen nur um 57% (von 21,4 auf 33,6 Md. Dollar).[14]

Zu dieser Entwicklung haben sehr vielfältige Prozesse und Faktoren beigetragen. Was das insgesamt rasche Wachstum — besonders im Bereich der

[14] United Nations, Monthly Bulletin of Statistics, November 1966, Spezialtabelle C, S. XXI

entwickelten kapitalistischen Länder — angeht, so erscheinen uns (von den ökonomischen Grundprozessen her gesehen) die Steigerung der Investitionsquote und ihre Stabilisierung auf hohem Niveau sowie der Anstieg der Reallöhne mit seinen Wirkungen für den Absatz langlebiger Konsumgüter am wichtigsten. Der hohen Investitionstätigkeit liegen vor allem der kriegsbedingte Nachholbedarf, die Anforderungen der wissenschaftlich-technischen Revolution, die Mechanisierung und Chemisierung der Landwirtschaft und auch die umfangreichen Industrie- und Verkehrsbauten in den Entwicklungsländern zugrunde.[15]

Große Bedeutung für die Dynamik des Außenhandels erlangten aber auch die Senkung der Zölle, die Lockerung der quantitativen Einfuhrbeschränkungen und der Übergang zur Konvertibilität der Währungen (im Sinne der freien Umtauschbarkeit von einer in eine andere Währung) in den entwickelten Ländern.

Das Außenhandelswachstum stand seit Kriegsende somit zweifellos auch unter dem Einfluß temporärer Faktoren. In welchem Tempo indessen der Außenhandel im kapitalistischen System künftig weiter wächst — und bis zu einem gewissen Grade heißt dies auch: inwieweit ist das imperialistische System künftig imstande, die dem Außenhandel und der internationalen Arbeitsteilung immanenten Potenzen auszunützen? — darüber lassen sich, wie schon erwähnt, kaum auch nur annähernd genaue Aussagen treffen.

Man kann nur versuchen, in die einzelnen heute schon feststellbaren oder sich erst abzeichnenden Entwicklungstendenzen einzudringen.

Im folgenden soll nur auf zwei Fragen, die eng miteinander verbunden sind, kurz eingegangen werden. Erstens auf die wahrscheinlichen Wirkungen der sich weiter durchsetzenden wissenschaftlich-technischen Revolution für den Außenhandel und zweitens auf die zunehmenden Spannungen und Konfliktmöglichkeiten in den internationalen wirtschaftlichen Beziehungen des kapitalistischen Systems.

Von der wissenschaftlich-technischen Revolution — wie überhaupt vom technischen Fortschritt — gehen zwiespältige Wirkungen auf den Außenhandel aus. Aus den häufig angeführten Daten über das Tempo, in dem heute alte durch neue Erzeugnisse ersetzt werden, geht u. a. auch hervor, wie stark die objektiven Tendenzen zur Vertiefung der Arbeitsteilung sowohl in ihrem nationalen wie auch internationalen Aspekt sind. Diese Tendenzen treten seit dem zweiten Weltkrieg mit dem progressiven Wachsen der Ausgaben für Forschung und Entwicklung immer stärker hervor. Sie werden angetrieben durch den Konkurrenzkampf, und auch der ökonomische Wettbewerb der zwei Weltsysteme (als Beispiel sei nur auf Weltraum-Programme verwiesen) wirkt als eine Art Katalysator auf diese Entwicklung ein. Der Außenhandel wird dadurch vor allem in zweifacher Hinsicht stimuliert: Erstens als Folge der wachsenden Erfordernisse nach internationaler Spezialisierung und Kooperierung, weil die einzelnen Länder ihre Forschungs- und Entwicklungskapazitäten künftig viel stärker auf Schwerpunkte konzentrieren müssen als bisher, wenn sie auf dem Weltmarkt konkurrenzfähig bleiben wollen; zweitens über die zuneh-

[15] Nach der gleichen Quelle stiegen im gleichen Zeitraum die Exporte der entwickelten kapitalistischen Länder bei Maschinen und Fahrzeugen um 221% und bei chemischen Erzeugnissen um 178%; die entsprechenden Sätze allein für den Bereich der imperialistischen Länder lauten 300% und 228%.

mende Konzentration der Hauptmasse der Exporte auf die Großbetriebe und Monopolgruppen, deren Exportabhängigkeit in der Regel zugleich anwächst. Dieser Prozeß kann dabei möglicherweise mit einem weiteren Abbau des handelspolitischen Protektionismus verbunden sein, da Zölle und ähnlich wirkende Praktiken für die Monopole in dem Maße an Bedeutung verlieren, wie sich der Umfang des Außenhandelsabsatzes dem des inländischen annähert oder überschreitet. Daß ein solcher Zusammenhang besteht, darauf deutet auch die Haltung der Monopolgruppen in den kleinen hochindustrialisierten Ländern hin, die seit Jahrzehnten schon in geringem Maße protektionistischer ist als die der größeren Länder. Diesen den Außenhandel stimulierenden Wirkungen der wissenschaftlich-technischen Revolution stehen auch hemmende Wirkungen entgegen, ohne daß man diese, obwohl sie die Dynamik des Außenhandels beeinträchtigen, in jedem Falle mit Wachstumshemmnissen für einzelne Länder oder Ländergruppen gleichsetzen kann. Die Ausweitung der Lizenzgeschäfte, die Verlagerung der Produktion in Auslandsfilialen und das prozentuale Anwachsen der „Nachahmungsgüter", das mit der vergleichsweise rascheren Verbreitung des technischen Wissens zusammenhängt, seien als Beispiele dafür angeführt. Auf anderen Gebieten zeitigt aber die wissenschaftlich-technische Revolution außenhandelshemmende Wirkungen, die für einzelne Länder oder Ländergruppen mit schwierigen Problemen verbunden sind. Durch die Bereitstellung technisch neuer Güter ist zweifellos ein Teil des früheren Außenhandels (Seide, Gummi, Metalle, Guano, Pflanzenöle, Kohle usw.) verdrängt worden. In der gleichen Richtung kann auch der rationellere Materialeinsatz bei der Herstellung alter Güter wirken. So hat sich nach den Berechnungen des GATT das Verhältnis des physischen Inputs von Roh- und Kraftstoffen zum Output in der Zeit von 1938 bis 1954 von 0,25 auf 0,179 ermäßigt. Ferner steigt der Anteil der Altmaterialverwendung bei den Buntmetallen. So soll sich dieser Anteil bei Kupfer in den USA von 1910 bis 1950 von 15% auf 26% und bei Blei von 11% auf 30% erhöht haben.[16]

Diese zwiespältigen Wirkungen der wissenschaftlich-technischen Revolution haben wesentlich zur Veränderung der Grundstruktur des Außenhandels im kapitalistischen Weltsystem beigetragen. Jahrzehntelang entfielen knapp zwei Fünftel des gesamten Exports auf den Austausch von Fertigwaren und reichlich drei Fünftel auf den Außenhandel mit Rohstoffen und Nahrungsmitteln. Im Verlauf der Nachkriegszeit stieg der Anteil der Fertigwarenexporte von 37% über 45% (1953) bis auf rund 56% im Jahre 1963. Da der Außenhandel mit Fertigwaren nach wie vor überdurchschnittlich ansteigt, entwickelt sich die Struktur des kapitalistischen Außenhandels auch weiterhin zugunsten der entwickelten Länder und zu Lasten der Entwicklungsländer, deren handelspolitische Stellung sich damit weiter relativ verschlechtert.

Die negativen Folgen der Strukturveränderungen des Außenhandels für die ökonomisch schwachen Länder zeigen übrigens indirekt auch die unzulässige Abstraktionsmethode, die der „reinen Außenhandelstheorie" der bürgerlichen politischen Ökonomie zugrunde liegt. Sie geht ja davon aus, daß die Vorteilhaftigkeit des komplementären Außenhandels auf der Hand liegt und keiner theoretischen Erklärung bedarf. Aber auch der komplementäre Außenhandel kann je nach seiner Strukturierung sehr verschiedene Wirkungen haben. Auf

[16] Vgl. Alfred Kruse, a. a. O., S. 717

der Grundlage der Arbeitswerttheorie lassen sich auch hier wissenschaftlich begründete Aussagen gewinnen.

Der wachsende Anteil der entwickelten kapitalistischen Länder am gesamten Außenhandel, als Ausdruck der enger werdenden Außenhandelsverflechtung, darf aber andererseits auch nicht mit einer nachlassenden Handelsrivalität zwischen den imperialistischen Ländern erklärt werden.

Versuche, solche Thesen zu begründen, sind im Verlauf der Nachkriegszeit von bürgerlichen Ökonomen häufig gemacht worden. Zumeist verabsolutieren sie die im Prozeß der überstaatlichen Monopolisierung (IMF, JBRD, EWG uws.) zum Ausdruck kommende internationale wirtschaftspolitische Zusammenarbeit. Wir bestreiten natürlich nicht die auf diesen Gebieten erreichten Ergebnisse. Aber das bedeutet keineswegs eine sich gesetzmäßig abschwächende Handelsrivalität, zumal die zahlreichen regionalen Zusammenschlüsse in Form von Präferenzräumen, Freihandelszonen und Zollunionen u. a. auch Ausdrucksformen dieser Rivalität sind. Zudem zeigen die Interessenkollisionen innerhalb der einzelnen überstaatlichen Gebilde, daß diese selbst zu einer wichtigen Sphäre des Konkurrenzkampfes, des Kampfes um Vormachtpositionen geworden sind.

Dabei nehmen in jüngster Zeit die Spannungen und Konfliktmöglichkeiten im Gesamtsystem tendenziell zu. Das wird nicht zuletzt durch die gegenwärtig in vielen Ländern, vor allem in Westdeutschland, geführten Diskussionen über das Problem der „außenwirtschaftlichen Absicherung" einer auf Stabilität und Wachstum gerichteten Wirtschaftspolitik bewiesen.

* * *

Außenhandel und internationale Arbeitsteilung des kapitalistischen Weltsystems weisen in jüngster Zeit eine Reihe neuer Züge auf. Sie treten einerseits vor allem in dem merklich zugenommenen Wachstumstempo des Außenhandels und seinen einschneidenden Strukturveränderungen zutage. Anderseits zeigen sie sich darin, daß ihre Bestimmungsgründe mannigfaltiger und komplizierter werden. Damit werden auch die Zusammenhänge und Abhängigkeiten zwischen dem Außenhandel und dem kapitalistischen Wachstum vielfältiger. Die richtige Beantwortung der Frage nach den Determinanten des Außenhandels ist daher von großer Bedeutung, wenn seine verschiedenartigen Wirkungen und seine Entwicklungstendenzen (von denen die Wirkungen wiederum mitbestimmt werden) eingeschätzt werden sollen. Wenn man dabei nicht bei einer Aufzählung verschiedener neuer Erscheinungen stehenbleiben will, wie es in den neueren Arbeiten bürgerlichen Autoren geschieht, sondern ihr Wesen bestimmen will, so kann man nur vom Ziel und den inneren Widersprüchen des Kapitalismus ausgehen.

Konjunktur und Krise, Band 11, Seite 291–306 (1967)

Die Waren der USA auf dem Gemeinsamen Markt*

E. Fedorowskaja

Die gegenwärtige Etappe der Entwicklung des kapitalistischen Weltsystems wird durch die Verschärfung des Konkurrenzkampfes zwischen den Monopolen der führenden imperialistischen Mächte charakterisiert. Zwischen den Vereinigten Staaten von Amerika und der Europäischen Gemeinschaft entsteht gegenwärtig ein tiefer Gegensatz in diesem Kampf. Die vereinigten Länder – Teilnehmer der EWG – machen große Anstrengungen auf den Weltwarenmärkten, um die Position der amerikanischen Monopole zu untergraben. Unter diesen Bedingungen hat das Problem der relativen Konkurrenzfähigkeit der Waren der miteinander konkurrierenden Seiten große Bedeutung.

Das Hauptmerkmal der Konkurrenzfähigkeit der Waren ist der Preis, sowie die Produktionskosten als Bestandteil des Preises. Karl Marx schrieb im 3. Band des „Kapital":

> „Der industrielle Kapitalist hat beständig den Weltmarkt vor sich, vergleicht, und muß beständig vergleichen, seine eignen Kostspreise mit den Marktpreisen nicht nur der Heimat, sondern der ganzen Welt."[1]

In der gegenwärtigen Etappe des Kampfes der imperialistischen Mächte um Absatzmärkte erlangen die Faktoren der Konkurrenzfähigkeit die größte Bedeutung (abgesehen von Wertkennziffern), die mit dem Gebrauchswert der Waren verbunden sind: die Qualität der Produktion, ihre Neuheit, Verpackung, Ausstattung u. a. – sowie auch die Frage, inwiefern die Ware dem Geschmack der Verbraucher entspricht. Z. B. steht beim Export von Maschinen und Ausrüstungen die Qualität an erster Stelle, die dem neuesten technischen Stand entspricht; diese Kennziffer rangiert in vielen Fällen sogar vor dem Preis. Die große Empfänglichkeit des Käufers für Reklame erhöht die Bedeutung der Aufmachung für die Realisierung der Konsumgüter.

Die Merkmale der Konkurrenzfähigkeit werden ihrerseits durch die komplizierten Verbindungen von technischen und sozialen Faktoren bestimmt. Erstens durch diejenigen, die unmittelbar mit der Produktion verbunden sind. Dazu gehören: das Verhältnis von Arbeitslohn und Arbeitsproduktivität, die Errungenschaften des wissenschaftlich-technischen Fortschritts, die Entwicklung der wissenschaftlichen Forschungsarbeit, die Konzentration der Produktion, ihre Diversifikation und Kombinierung. Zweitens, Vorkommen und Wert der Rohstoffe. Dieser Faktor muß getrennt aufgeführt werden, obwohl er eng mit denen der Produktion verbunden ist. Und schließlich die Faktoren der Zirkulation, einschließlich der Valutakurse, des Niveaus der Ausgaben für Reklame, des Unterhalts des Außenhandelsapparates usw. Eine noch wichtigere Rolle spielen die Momente, die mit der Außenhandelspolitik des betreffenden

* Übersetzung aus „Weltwirtschaft und Internationale Beziehungen", Moskau, Nr. 8/1967.

[1] K. Marx, „Das Kapital", Bd. III, S. 369.

Landes verbunden sind. Darüber hinaus haben auch äußere Faktoren eine große Bedeutung. Zu ihnen gehören in erster Linie die Außenhandelspolitik der anderen Staaten, insbesondere die bestehenden regionalen wirtschaftlichen Gruppierungen.

Allerdings ist solche Klassifikation — wie auch beliebige andere — nur bedingt, weil die Wirkung aller Faktoren eng miteinander verbunden und verflochten ist. Jedoch muß man im gegebenen Falle beim Vergleich der Waren der USA und der EWG zweckmäßigerweise innere und äußere Faktoren trennen und bestimmen, in welcher Richtung sie verändert werden und wie sie sich auf die Wettbewerbsfähigkeit der Konkurrenten zwischen beiden Regionen der kapitalistischen Welt auswirken.

Etappen des Konkurrenzkampfes

Die Entwicklung der Konkurrenz zwischen amerikanischen und europäischen Waren auf dem westeuropäischen Kontinentalmarkt durchlief eine Reihe von Etappen.

Ende der 40er Jahre hatten die amerikanischen Monopole zweifellos Vorteile im Konkurrenzkampf, da die Wirtschaft ihrer Konkurrenten vom Kriege untergraben war. In den westeuropäischen Ländern begann schnell die Nachfrage nach der Produktion zu steigen, die während des Krieges unterbrochen war, und sie wurden zum wichtigsten Absatzmarkt für amerikanische Exporteure. Das einzige Hindernis auf dem Wege der Warenexpansion der USA in Westeuropa war der Dollarhunger dieser Länder. Die USA überwanden diese Barriere mit Hilfe einer staatlichen Kapitalausfuhr und verschiedenen „Hilfsprogrammen", die hauptsächlich in der Bezahlung des Imports amerikanischer Waren bestanden.

Seit Mitte der 50er Jahre begannen sich die Konkurrenzpositionen der USA sowohl auf den westeuropäischen als auch Weltmärkten zu verschlechtern. Dieser Prozeß verschärfte sich besonders während der letzten 10 bis 15 Jahre, als sich das Kräfteverhältnis zwischen den USA und Westeuropa wesentlich veränderte. Der Anteil der USA an der Industrieproduktion und am kapita-

Tabelle 1

Ökonomische Hauptkennziffern der USA und der gegenwärtig in der EWG vereinigten Länder

Jahre	Anteil an der Industrieproduktion der kapitalistischen Welt (in %)		Anteil am Export der kapitalistischen Welt (in %)		Goldvorräte (in Md. $)	
	USA	EWG	USA	EWG	USA	EWG
1948	56	13	33[1]	10[1]	24	4[2]
1958	47	20	19	24	21	7
1965	45	20	17	29	14	15

[1] 1947
[2] Westeuropa insgesamt

Quellen: „International Financial Statistics"; „Monthly Bulletin of Statistics", für die entsprechenden Jahre listischen Export verringerte sich bedeutend. Die Lage wird noch dadurch kompliziert, daß die USA seit Ende der 50er Jahre an einem chronischen Zahlungsbilanzdefizit leiden, das sich in einem dauernden Goldabfluß äußert.

Die Position der USA im Welthandel und insbesondere auf den Märkten des westeuropäischen Kontinents wurde besonders ungünstig durch die Schaffung der EWG beeinflußt. Erstens untergrub die Einführung eines Außentarifs für „Drittländer“ und die Senkung der Zölle innerhalb der EWG die amerikanische Position auf den Märkten der „Sechs“. Zweitens beeinflußte die Bildung regionaler Gruppierungen die Prozesse der Konzentration und Zentralisation der Produktion und des Kapitals in Westeuropa und beschleunigte die Entwicklung der wissenschaftlich-technischen Revolution. Alles das führte zur Erhöhung der Konkurrenzfähigkeit der Waren der Mitgliedsländer. Drittens wuchs die Macht der Monopole der EWG und sie fordern die amerikanischen Monopole nicht nur auf ihren heimischen Märkten heraus, sondern auch außerhalb derselben. Insgesamt muß man jedoch bemerken, daß die wesentliche Verschlechterung der Stellung der USA in Westeuropa in dem vergangenen Zehnjahreszeitraum vor sich ging, ihre Lage sich seit 1961 aber bedeutend stabilisierte. In erster Linie ist das das Resultat der großen Anstrengungen, die die amerikanischen Monopole für die Sicherung ihrer Märkte in den Ländern der „Sechs“ unternahmen, ungeachtet der immer höher wachsenden Zollmauern und der schnellen Modernisierung der westeuropäischen Wirtschaft.

Betrachten wir die Dynamik der Exportpreise der USA und der Länder der EWG. In einem Zeitraum von 50 Jahren wuchsen die Preise der amerikanischen Waren ziemlich intensiv. 1961 hatten sie 109 Prozent des Niveaus von 1953 erreicht. Ein analoger Preiszuwachs ist in den EWG-Ländern nur in der BRD zu beobachten. Die Preise für holländische Waren erhöhten sich in dieser Zeit nur um 3 Prozent und für die Belgiens, Italiens und Frankreichs sanken sie sogar. Danach stabilisierten sich die amerikanischen Exportpreise für einige Jahre, dank der verschiedenen Maßnahmen der amerikanischen Regierung. Neue Erhöhungen gingen nur 1965 vor sich, die eine inflationäre Belebung der Konjunktur charakterisierten. Währenddessen erhöhten sich die Exportpreise in Belgien nicht, in Italien lagen sie sogar um 14 Prozent unter dem Niveau und in Frankreich und den Niederlanden liegen sie nur um 3 bis 8 Prozent darüber.

In der Epoche des Imperialismus geht die Bewegung der Exportpreise unter dem Einfluß einer Anzahl von Faktoren vor sich. Die Erhöhung der Preise

Tabelle 2

Index der Exportpreise
1958 = 100

Länder	1953	1959	1960	1961	1962	1963	1964	1965	1966
USA	94	100	101	103	102	102	103	106	...
Belgien	101	96	98	97	96	96	99	99	...
Niederlande	99	100	99	102	102	104	107	108	107
Italien	109	92	96	92	93	94	97	94	93
Frankreich	103	93	96	96	96	98	101	102	106
BRD	97	99	101	106	107	106	107	109	111

Quellen: „International Financial Statistics“, Juli 1961, S. 34, August 1966, S. 30, April 1967, S. 30

kann an und für sich schnell durch eine steigende Nachfrage, die Waren auch mit hohen Preisen absorbiert, hervorgerufen werden oder kann das Ergebnis des Sieges im Konkurrenzkampf und der Anstrengungen der Konkurrenten auf dem gegebenen Markt sein. Was die USA betrifft, zeigt die Analyse der Preise und des Umfangs ihres Exports, daß dessen Preiserhöhungen bis 1961 nicht diesen Ursachen geschuldet waren. Wie oben gezeigt, verdrängten nicht die Vereinigten Staaten ihre Gegner von den Außenmärkten, sondern letztere zwangen die amerikanischen Monopole zu Einschränkungen.

Allerdings erlaubt die relative Dynamik der Exportpreise der USA und der EWG noch nicht, kategorische Schlußfolgerungen in bezug auf die Konkurrenzfähigkeit der Waren dieser Länder zu ziehen. Das Preisniveau wird in hohem Maße von der Handels- und Valutapolitik des Staates, den Abmachungen der Monopole usw. bestimmt. Darüber hinaus muß man berücksichtigen, daß die Statistik der USA nur Durchschnittspreise angibt, für deren Festsetzung nur ein geringer Teil der exportierten Waren genommen wird.

Man muß notwendigerweise andere Merkmale der Konkurrenzfähigkeit, vor allem die Produktionskosten, betrachten. Leider ist das Ausgangsmaterial für solchen Vergleich der Waren der USA und des Gemeinsamen Marktes sehr dürftig. Laut Angaben des „National Industrial Conference Board" sind die Produktionskosten für Produkte der verarbeitenden Industrie in den USA höher als in England und der EWG insgesamt, aber bedeutend niedriger als beispielsweise in Frankreich.[2]

Tabelle 3

Produktionskosten je Produktionseinheit der verarbeitenden Industrie in einer Reihe EWG-Länder 1961
(die amerikanischen Kosten = 100)

	Insgesamt	Rohstoffe	Arbeitslohn	Unkosten	Ausgaben nach der Realisierung	direkte Ausgaben
EWG-Länder	85	124	54	79	71	77
darunter:						
BRD	82	115	55	61	70	81
Frankreich	109	144	61	74	83	79
Belgien	104	109	42	101	69	97

Quelle: „Business Week", 23. 9. 1961, S. 50

Die Forschungsorganisation „National Industrial Conference Board" und das Handelsministerium der USA berechneten in diesem Jahr die Produktionskosten von neun amerikanischen Zweigen und denen ihrer ausländischen Konkurrenten. Es erwies sich, daß die Waren von nur drei Zweigen der USA (Lebensmittel, Elektrotechnik, Gummi-Kautschuk-Industrie) Vorteile auf dem Weltmarkt hatten. Bei einem bedeutenden Teil der Produktion der Textil-

[2] Man muß beachten, daß diese Berechnungen nicht absolut zuverlässig sind, da sie in einer Kampagne für die Erweiterung der Außenhandelsexpansion der USA gemacht wurden und das Ziel verfolgen, die Politik der Monopole zu rechtfertigen, die auf das Einfrieren der Löhne der amerikanischen Arbeiter ausgerichtet ist. Trotzdem sind sie nicht ohne Interesse.

industrie (83% der Gesamtproduktion), der Glas- und keramischen Industrie (83%), der metallverarbeitenden Industrie (74%), der Chemie (64%), des Maschinenbaus (56% ohne elektrotechnischen) und der Papierindustrie (55%) produzierten die ausländischen Konkurrenten mit niedrigeren oder gleichen Kosten wie die USA.[3] Darüber hinaus wurden nur 45 der in den Export gehenden Waren der Länder des Gemeinsamen Marktes zur Berechnung herangezogen. Es erwies sich, daß die Kosten von 64% dieser Waren niedriger lagen, 9% waren gleich und nur 27% lagen höher als in den USA.

Ein wichtiges Merkmal der Konkurrenzfähigkeit ist die Qualität der Ware. Das kann man aber nicht in Zahlen ausdrücken. Es ist jedoch bekannt, daß in einer Reihe von Zweigen die Produzenten der „Sechs" die Qualität ihrer Produktion verbesserten und wie es scheint, machten sie die Vorteile zunichte, die die amerikanischen Gesellschaften zuvor genossen hatten. Darauf weisen auch viele amerikanische Ökonomen mit großer Beunruhigung hin. E. Benoit nennt in seinem Buch „Das Europa der Sechs und Sieben" unter den Waren, bei deren Produktion die westeuropäischen Länder eine sehr hohe Qualität erzielten die deutschen Fotoapparate und Fahrräder, die italienischen Motorroller und die moderne Bekleidung, die französischen elektronischen Rechenmaschinen, automatischen und Kontrollausrüstungen, deutsche, französische, englische, italienische und schwedische Kraftfahrzeuge usw. Die Verfasser der Monografie „Der Gemeinsame Markt und das amerikanische Business" sprechen davon, daß die Qualität der amerikanischen Produktion relativ gefallen sei.[4] Harold Mansfield, der spezielle Berater des Präsidenten der „Boeing Company" machte eine Meinungsumfrage bei Staatsmännern und Geschäftsleuten über die relative Konkurrenzfähigkeit der amerikanischen Waren. Die Mehrzahl von ihnen wies auf den Verlust der USA an Konkurrenzpositionen hin. Die Zeitschrift „International Commerce" veröffentlichte die Ergebnisse der Umfrage und schrieb, daß die Vereinigten Staaten vor einem großen Problem stehen:

> „Andere Länder haben viel bei der Eroberung neuer Märkte erreicht und zwar zu einer Zeit, als die Industrie der USA die Möglichkeit dazu infolge steigender Kosten einbüßte. Deutschland, Japan, Frankreich, Italien und viele andere Länder einschließlich der Sowjetunion erscheinen als neue Schrittmacher in diesen Gebieten, in denen die Industrie der Vereinigten Staaten einstmals allen überlegen war. Ganz Amerika fühlt diesen Druck ..."[5]

Die Bewegung des Exports der USA und der Länder der EWG

In der Periode von 1958 bis 1965 stieg der Export innerhalb der EWG um 201%; besonders der Export Frankreichs und Italiens in andere Länder der Gemeinschaft wuchs um 227 und 235%, der Export der USA erhöhte sich nur um 103% (s. Tab. 4). Absolut stieg der amerikanische Export in den Gemeinsamen Markt von 2796 Mill. 1958 (3808 Mill. 1957) auf 5687 Mill. $ 1965. Das erklärt nicht nur die Vertiefung der internationalen Arbeitsteilung, die Spezialisierung der einzelnen Länder auf die Produktion der vorteilhaftesten Waren,

[3] „Fortune", März 1962, S. 104

[4] Siehe M. Wasterman, Ch. Hultman and R. Moore, „The Common Market and American Business", New York, 1964, S. 85

[5] „International Commerce", 16. 9. 1963, S. 3

sondern auch das Ansteigen der amerikanischen Kapitalausfuhr, den Verkauf von Lizenzen in dieses Gebiet,[6] sowie die verschiedenen Maßnahmen der Außenhandelsexpansion, von der im folgenden die Rede ist.

Tabelle 4

Gesamthandel der EWG-Länder und Export der USA in dieses Gebiet (in Mill. Dollar)

Exporteure	Importeure					
	EWG	BRD	Frankreich	Italien	Belgien Luxemburg	Holland
EWG						
1958	6786	1896	1227	684	1462	1518
1965	20417	6660	4015	2291	3463	3987
1965 in % von 1958	301	351	327	335	237	263
BRD						
1958	2281	—	653	384	538	705
1965	6020	—	1911	1081	1262	1766
1965 in % von 1958	264	—	293	282	235	250
Frankreich						
1958	1181	562	—	154	364	101
1965	4128	1961	—	718	992	458
1965 in % von 1958	350	349	—	466	273	453
Italien						
1958	667	404	132	—	67	64
1965	2918	1641	726	—	252	299
1965 in % von 1958	437	406	551	—	376	468
Belgien und Luxemburg						
1958	1346	335	301	64	—	647
1965	3883	1353	858	207	—	1464
1965 in % von 1958	288	404	286	323	—	226
Holland						
1958	1310	595	142	82	493	—
1965	3468	1706	520	285	958	—
1965 in % von 1958	265	287	367	349	195	—
USA						
1958	2796	999	563	514	311	409
1965	5687	2296	1088	989	549	765
1965 in % von 1958	203	230	193	192	177	187

Quellen: „Annuaire 1953—1958. Commerce extérieur", 1959; „Statistique mensuelle du commerce extérieur", Nr. 2, 1966

[6] Der Verkauf von Lizenzen hilft die hemmenden Schranken der EWG überwinden, er kann von amerikanischen Gesellschaften auch zur Erkundung der Märkte ausgenutzt werden. In vielen Fällen gibt der Verkauf der Linzenzen den Unternehmen der EWG die Möglichkeit, zusätzliche Märkte zu erschließen. Die amerikanischen Gesellschaften kommen nicht selten überein, ihren Lizensenten Ausrüstungen, Einzelteile und Rohstoffe zu überlassen; Bedingung einer Lizenzvereinbarung kann auch die Hilfe bei der Realisierung amerikanischer Produkte auf den örtlichen Märkten sein. Z. B. schlossen „Radio Corp. of America" und „Siemens & Halske" (BRD) eine Lizenzvereinbarung ab, nach der Siemens sich verpflichtet, die bei der amerikanischen Gesellschaft gekauften und die nach amerikanischen Lizenzen produzierten eigenen elek-

Ein großer Stimulus für die Erweiterung des Exports der USA in die EWG bestand in der hohen Konjunktur in diesen Ländern. Insbesondere übte das hohe Wachstumstempo der Produktion in den westeuropäischen Ländern Ende der 50er und Anfang der 60er Jahre einen großen Einfluß auf die Nachfrage nach amerikanischen Ausrüstungen aus. Die Schaffung der Europäischen Wirtschaftsgemeinschaft führte zu einer Verschärfung des Konkurrenzkampfes, der die Monopole zur Akkumulation eines größeren Teiles des Mehrwertes als bisher veranlaßte, um die Produktionskosten durch die Erneuerung des Grundkapitals und die Erhöhung der Konzentration der Produktion in ihren Unternehmen zu senken. Im Ergebnis dessen wurde die Kapitalanlage in der Abteilung I erhöht, was die Nachfrage nach Maschinen und Ausrüstungen erweiterte. Die Entwicklung des Handels zwischen den EWG-Mitgliedern hob im Ergebnis dessen die hemmenden Schranken innerhalb der Gemeinschaft auf. Das Streben nach der Eroberung von Außenmärkten dient ebenfalls als Stimulus zur Kapitalanlage innerhalb der EWG.

Die in den Staaten des Gemeinsamen Marktes vor sich gehenden Prozesse, Folge des breiten Eindringens neuer Ergebnisse in Wissenschaft und Technik, riefen notwendigerweise eine Erhöhung des Niveaus der technischen Qualifikation der Arbeitskräfte hervor. Die Arbeiterklasse Westeuropas führte in dieser Periode einen erbitterten Kampf um die Erhöhung ihres Lebensstandards und errang auch Erfolge. Im Ergebnis dessen wuchs die Nachfrage nach Konsumgütern, was wiederum den amerikanischen Monopolen große Möglichkeiten eröffnete. Z. B. stimulierte das den Import von Ausrüstungen aus den USA für die Produktion von Bedarfsartikeln sowie den Import von Konsumgütern selbst. Die relativ schwache Sättigung des westeuropäischen Marktes mit der in den USA vergleichend, schrieb die Zeitschrift „New York Times Magacine" vom 11. März 1962, daß der Automobilmarkt in den USA zu 100% gesättigt ist, in der EWG zur gleichen Zeit jedoch nur zu 10%, der Markt für Fernsehgeräte entsprechend zu 89 bzw. 10%, für Radios zu 96 bzw. 20%, für Kühlschränke zu 98% bzw. 12%, für Waschmaschinen zu 91 bzw. 12%. Diese Angaben sind auch bei Kraft in seinem Buch „Das große Projekt. Vom Gemeinsamen Markt zur atlantischen Partnerschaft" zu finden.

Die Hauptsache — innere Faktoren

Betrachten wir nun die Wechselwirkung der Faktoren, die die Konkurrenzfähigkeit der amerikanischen Waren auf den Märkten der Länder des Gemeinsamen Marktes beeinflussen.

Wenn man von einem relativen Sinken der Konkurrenzfähigkeit der amerikanischen Waren auf dem Gemeinsamen Markt spricht, muß man vor allem auf die Einführung des Außentarifs der Gemeinschaft hinweisen. Seinen Einfluß

(Forts. Fußnote 6)
tronischen Rechenmaschinen zu verkaufen. Darüber hinaus kauft die westdeutsche Firma für den Ausstoß der „EBM 4004" bei „PKA" bestimmte Einzelteile; insgesamt beträgt der Anteil der aus den USA gelieferten Komponente 70%.
Nach Angaben der Zeitschrift „Survey of Current Business" fällt ein Fünftel des amerikanischen Exports in die westeuropäischen Länder auf Lieferungen an die unter Kontrolle stehenden Unternehmen. Amerikanische Filialen in der EWG organisieren auch die technische Wartung und Reklame, die den amerikanischen Waren als „Eisbrecher" auf diesen Märkten dienen soll.

auf die Konkurrenzpositionen der USA kann man nicht bestreiten. Sogar wenn eine Reihe von Einzelpositionen des Außentarifs niedriger wird als der Zoll einzelner Mitgliedsländer der EWG zum Zeitpunkt seiner Schaffung, werden die amerikanischen Waren doch ab Mitte 1968 gegenüber den Exporten der „Sechs" benachteiligt sein, da auf letztere überhaupt kein Zoll erhoben wird. Erläutern wir das an einem Beispiel. 1960 exportierten die USA für 1 Mill. Dollar Autoreifen nach Frankreich. Die amerikanischen Gesellschaften konkurrierten dabei mit westdeutschen. Seit 1962 werden die nach Frankreich exportierten amerikanischen Reifen mit 18% Zoll belegt, während die Exporteure der BRD in dieser Zeit 9% Zoll bezahlen. In Zukunft, wenn die Schranken innerhalb der EWG ganz beseitigt sind, erhalten die westdeutschen Exporteure auf dem Gemeinsamen Markt gegenüber den amerikanischen Gesellschaften einen Vorteil von 2 Dollar je Reifen.[7] Solche „Schere" ist schon bei der Zollbelastung vieler Waren zu finden. Seit Ende 1965 (ohne Berechnung der seit 1. Januar 1966 eingeführten Zollsenkung um 10% innerhalb der EWG) waren die amerikanischen Waren durch den inneren Zoll in der BRD und den Benelux-Ländern um 4—5mal und in Frankreich und Italien um 2—3mal mehr belastet.[8]

Bei der Beurteilung dieses Faktors muß man berücksichtigen, daß er die Interessen der amerikanischen Exporteure nur in den Ländern der EWG selbst berührt, während die westeuropäischen Waren die amerikanischen gleichzeitig auch von anderen Märkten verdrängen. Darüber hinaus wird die Einführung des Außentarifs am 1. Juli 1968 beendet sein. Die Senkung der Konkurrenzfähigkeit der amerikanischen Waren ist folglich schon 10 Jahre zu beobachten. Das bedeutet, daß die Ursachen dieser Erscheinung nicht mit der Veränderung des Zollsystems auf dem westeuropäischen Kontinent beendet sind. Um die Probleme der Konkurrenzfähigkeit amerikanischer Waren besser zu verstehen, muß man die inneren Faktoren, vor allem die der Produktion, analysieren.

Nach Angaben des oben genannten „National Industrial Conference Board" waren die Produktionskosten 1961 in der EWG um insgesamt 15% niedriger als in den Vereinigten Staaten. Wobei die Länder vor allem bei so einem Artikel wie dem Lohn gewinnen, da diese Ausgaben je Produktionseinheit in den Ländern der EWG um 46% niedriger lagen als in den USA (s. Tab. 3). Die Stundenlöhne betrugen 1963 in den USA — 2,46, in Schweden — 1,43, in England — 1,03, in der BRD — 0,94, in Frankreich — 0,54 und in Italien — 0,58 Dollar.[9] Natürlich kompensiert dieser Bruch in bedeutendem Maße den Umstand, daß die Arbeitsproduktivität in den Vereinigten Staaten um vieles höher ist als in anderen kapitalistischen Ländern. Nach Berechnungen englischer Ökonomen entspricht die Produktion eines amerikanischen Arbeiters dem Arbeitsergebnis einiger westeuropäischer Arbeiter.

Damit im Zusammenhang ist das Wachstumstempo der Arbeitsproduktivität in den Ländern der EWG um vieles höher als in den USA. Das Ergebnis

[7] „The Department of State Bulletin", 22. 10. 1962, S. 609

[8] „BIKI", Beilage Nr. 3/1966, S. 8

[9] Die Angaben über Schweden, England und Frankreich sind überhöht, da in diesen Ländern nur die Arbeitslöhne der Männer genommen wurden, in den USA, Italien und Frankreich die von Männern und Frauen. Ungeachtet dessen sind die Stundenlöhne in den USA um vieles höher als in Westeuropa.
„Die kapitalistische Welt", Moskau 1965, S. 278—79. (In Dollar umgerechnet von der Autorin)

einer Arbeiterstunde wuchs in der verarbeitenden Industrie von 1955 bis 1965 in der BRD um 77%, in Frankreich um 57% und in den USA um 45%. Nach Angaben des „Survey of Current Business" vom Januar 1964 übertraf die Erhöhung des Produktionsausstoßes einer Arbeiterstunde in Italien zu Beginn der 60er Jahre um fast das 2,5fache das Wachstumstempo der Arbeitsproduktivität in den USA. Die Verbindung von niedrigstem Arbeitslohn mit hohem Wachstumstempo der Produktionsergebnisse förderte zweifellos die Konkurrenzfähigkeit der „Sechs".

Tabelle 5

Anzahl der notwendigen Arbeiter zur Erfüllung ein und derselben Arbeit

Zweige	USA	Frankreich	BRD	Italien	England
Metallurgie	1	1,6	1,7	1,2	2,3
Chemie	1	3,0	2,6	2,5	3,4
Investitionsgüter (ohne elektrotechn.)	1	2,3	3,2	2,4	3,5
Elektrotechnik	1	2,6	3,8	2,3	4,2
Transportausrüstungen	1	2,0	2,4	2,1	3,2

Quelle: „The Economist", 1.–7. X. 1966, S. 63

In den letzten Jahren hat sich die Tendenz im Verhältnis des Arbeitslohnes und der Arbeitsproduktivität in den kapitalistischen Hauptländern etwas verändert. Wie früher ist der Arbeitslohn der Industriearbeiter in den Vereinigten Staaten um vieles höher als in Westeuropa, aber er wächst schneller in den EWG-Ländern. Von 1960 bis 1963 erhöhten sich die Lohnsätze in den USA um 8,9%, in der BRD um 33,5%, in Frankreich um 27,3%, in Italien um 41,8%.[10] Im Ergebnis dessen begann die Bedeutung des niedrigeren Arbeitslohnes im Konkurrenzkampf der westeuropäischen Monopole in den letzten Jahren zu sinken.

Ein wichtiger Wachstumsfaktor der Arbeitsproduktivität und folglich der Erhöhung der Konkurrenzfähigkeit der Waren ist die Veränderung der neuesten Technik und Technologie. In den ersten Nachkriegsjahren monopolisierten die USA faktisch den technischen Fortschritt, in dem die Industrie-Forschungen die entscheidende Rolle spielen. Gegenwärtig hängt die Konkurrenzfähigkeit der einzelnen Gesellschaften wie noch nie zuvor von der Neuheit der Waren, von der Vollkommenheit ihrer Konstruktion, d. h. letzten Endes von den Ergebnissen der Forschungsarbeiten ab.

Der Anteil der Ausgaben für wissenschaftliche Forschungen am Bruttosozialprodukt betrug 1963 in den USA 2,9%, in der BRD 1,9%, in Frankreich 1,6%, 1962 in England 2,3% und in Holland 1,8%.[11] Nach Angaben von „Harvard Business Revue" (September-Oktober 1965) verausgabten die USA im Finanzjahr 1964/65 für diese Zwecke 20 Md. – Westeuropa jedoch nur 7 Md. Dollar. Infolgedessen haben die amerikanischen Monopole die Möglichkeit, in ihren Betrieben die neuesten Produkte herzustellen und damit auf den

[10] „Survey of Current Business", Januar 1964, S. 26

[11] „Weltwirtschaft und internationale Beziehungen", Moskau, Nr. 5/1967, S. 134

Außenmärkten zu manövrieren. Professor Raymond Vernon von der Harvard-Universität führte folgendes Beispiel an:

„1950 nahm der amerikanische Export von Rechenmaschinen und standardisierten Schreibmaschinen eine führende Position auf dem Weltmarkt ein, während der Import der Vereinigten Staaten an diesen Waren nur unbedeutend war. Gegen 1959 wurden die amerikanischen Produzenten dieser Waren von den ausländischen Konkurrenten zurückgedrängt. Ungeachtet des wachsenden Drucks in diesen Geschäftsbereichen erweiterten die Industriellen der Vereinigten Staaten in dieser Periode ihre Positionen in der Produktion neuester Erzeugnisse und sicherten dadurch ein schnelles Ansteigen des Exports an Ausrüstungen für Lochkarten, an elektronischen Rechenmaschinen und elektrischen Schreibmaschinen".[12]

Nach neuen Waren setzt zeitweilig eine erhöhte Nachfrage ein, und der Mangel an Konkurrenten gibt ihnen „grünes Licht". Diese Lage versuchen die Monopole durch Patente zu festigen, indem sie ihre Erfindungen vor allem in den Ländern patentieren lassen, auf die sich ihre Außenhandelsexpansion besonders richtet. Es ist deshalb kein Wunder, daß die amerikanischen Gesellschaften fast 40% ihrer ausländischen Patentanmeldungen in den Ländern der EWG tätigen.

Folglich muß man sagen, daß bei weitem nicht alle Resultate der wissenschaftlichen Forschung der USA für die Erhöhung der Konkurrenzfähigkeit der amerikanischen Waren ausgenutzt werden. Große Aufmerksamkeit wird in den Vereinigten Staaten der Erweiterung der Forschungsarbeiten auf dem Gebiet der Beherrschung des Kosmos und der Schaffung elektronischer Präzisionsgeräte, hauptsächlich militärischer Bedeutung, gewidmet, während die amerikanischen Gesellschaften bei der Schaffung technischer Neuheiten in einer Reihe anderer Zweige hinter ihren westeuropäischen Konkurrenten zurückbleiben.

Die Vereinigten Staaten von Amerika haben bisher auf dem Gebiet der wissenschaftlichen Forschungsarbeit einen großen Vorsprung, obwohl sie sich auch hier schon nicht mehr unerreichbar fühlen.[13] Die Länder des Gemeinsamen Marktes holen schnell ihre Versäumnisse auf, indem die westeuropäischen Monopole nicht nur eigene wissenschaftliche Forschungslaboratorien und -zentren schaffen, sondern ihre Zuflucht auch zum Ankauf amerikanischer Lizenzen nehmen.

Die Zeitschrift „Business Week" beklagte sich am 9. November 1963 darüber, daß die Kapitalanlagen in die wissenschaftliche Forschung in einer Reihe westeuropäischer Länder schneller wachsen als in den USA. Darauf wies auch der Handelsminister der USA in seiner Rede am 3. Mai 1963 hin. Nach seinen

[12] Siehe Joseph Kraft, „The Grand Design. From Common Market to Atlantic Partnership", New York, 1962, S. 106

[13] Ende der 50er Jahre schrieb der dänische Ökonom Hoffmeier, daß der Import der USA aus traditionellen Waren, der Export aber hauptsächlich aus neuesten Erzeugnissen besteht, die das Ergebnis der Forschungsarbeit sind. Der amerikanische Ökonom H. Lary zitiert diese Behauptung Hoffmeiers und beklagt sich, daß andere Länder in den letzten Jahren große Erfolge in der Technologie und der Ausnutzung verschiedener Neueinführungen erzielten. „Von diesem Standpunkt aus haben sich die Konkurrenzbedingungen im Welthandel verschärft . . .", schreibt Lary.
H. W. Lary, „Problems of the United States as World Trader and Banker", New York, 1963, S. 53–54

Worten verdoppeln sich die auf die Verbesserung der Technologie der Produktion gerichteten Arbeiten in Frankreich, der BRD und in England alle 3 bis 4 Jahre, während sie in den USA bis in die jüngste Zeit hinein nur um einige Prozent im Jahr zunahmen.

Amerikanische Monopole nutzten im Kampf um die Außenmärkte ständig solche Vorteile aus, wie z. B. die hohe Stufe der Konzentration der Produktion und des Kapitals. Von diesem Standpunkt aus verschärfte die Bildung der EWG die Konkurrenz auf dem Weltmarkt, da die Monopole der „Sechs", die über einen nicht schlecht geschützten und relativ breiten Markt verfügen, die Konzentration und Zentralisation der Produktion und des Kapitals sowie die Diversifikation der Produktion wesentlich beschleunigten. Das rief eine Erhöhung der Konkurrenzfähigkeit der Waren der Teilnehmerländer hervor.

Nichtsdestoweniger behaupten die Monopole der USA bisher die dominierende Stellung in der Oligarchie der kapitalistischen Welt. So entfallen nach Angaben der „Nachrichten für den Außenhandel" vom 18. März 1965 von den 500 größten Industriegesellschaften 306 auf die USA und 74 auf die EWG, wobei nicht eine der größten Firmen des Gemeinsamen Marktes unter die ersten Dreißig kommt.

Der wichtigste Faktor, der die Konkurrenzfähigkeit der Waren beeinflußt, ist das Vorhandensein von Rohstoffen und deren Selbstkosten. 1961 lagen die Ausgaben für Rohstoffe je Produktionseinheit in der EWG um 24% höher als in den USA. Dieser Druck schwankte von 44% in Frankreich bis 9% in Belgien. Jedoch hat sich der Abstand zwischen den beiden Konkurrenten in der letzten Zeit auch auf diesem Gebiet etwas verringert, erstens infolge einer Verringerung der Rohstoffabhängigkeit der Länder der Gemeinschaft und zweitens wegen der Einführung hoher Monopolpreise für amerikanische Rohstoffe und Materialien im Innern.

Der Einfluß der Zirkulationsfaktoren ist äußerst kompliziert. Die Ausgaben für die Realisierung der Waren, die in die Selbstkosten der Produktion eingehen, sind in den USA höher als in der EWG (siehe Tab. 3). Das verteuert die amerikanischen Waren, aber dafür verfügen die Exporteure über solche Vorteile, wie das gut funktionierende Außenhandelsnetz, die entwickelte Handelstechnik und die Reklame, was ihnen die Möglichkeit gibt, ihren Waren auf den Außenmärkten den Weg zu ebnen.

In der gegenwärtigen Situation besteht eine der wichtigsten Voraussetzungen der Konkurrenzfähigkeit in dem Geschick, die sich verändernden Bedürfnisse und den Geschmack der Verbraucher vorauszusehen sowie aktiv darauf einzuwirken. Darin haben die amerikanischen Monopole eine Reihe empfindlicher Niederlagen erlitten. Ein Eingeständnis darüber machte der Direktor der Marktforschung der Detroiter Gesellschaft „Park, Davis and Co." George Donat:

> „Im Ausland und in bestimmtem Maße auch zu Hause geraten wir auch damit in Kollision, was ich die ‚Konkurrenzgeschmeidigkeit im Handel' (Competition of flexibility) nennen möchte. Viele amerikanische Industrieorganisationen sind so groß und unbeweglich, daß sie unfähig sind, schnell den sich verändernden Bedürfnissen des Marktes zu begegnen. Zweifellos war eine der besten jüngsten Illustrationen des Fehlens unserer Wendigkeit der starke Widerwille Detroits, Kleinautos zu produzieren. Es wurde einfach vorausgesetzt, daß die Amerikaner Familienautos brauchen — große, schnelle, komfortable. Nichtsdestoweniger

wurden ‚Volkswagen' und andere Wagen dieses Ausmaßes gut nach den USA exportiert und wir waren schließlich gezwungen, ebenfalls ‚wendig' zu werden."[14]

Beim Vergleich der Bedingungen, die die Konkurrenzfähigkeit der Waren der USA und der EWG beeinflussen, kann ein allmählicher „Rollentausch" beobachtet werden. Faktoren, die traditionell die USA begünstigten (Konzentration der Produktion und des Kapitals, Entwicklung der wissenschaftlichen Forschungsarbeiten, bessere Rohstofflage), beginnen in größtem Maße auch in den Ländern des Gemeinsamen Marktes zu wirken und damit die Positionen der Konkurrenten zu nivellieren. Man darf nicht die unbestreitbaren Vorteile der natürlichen klimatischen Bedingungen der USA, die gewaltige Überlegenheit ihres ökonomischen Potentials übersehen. Nichtsdestoweniger verbessern die in der Wirtschaft der Länder der Gemeinschaft entstehenden Prozesse die Konkurrenzfähigkeit der westeuropäischen Waren.

Solche Fortschritte sind nicht zufällig. Hinter ihnen verbirgt sich die Tendenz der Annäherung des wirtschaftlichen Entwicklungsniveaus der kapitalistischen Hauptländer. Es entsteht der Prozeß der Nivellierung der technischen Charakteristik der führenden Industriezweige und sogar der Landwirtschaft und der Annäherung der Industriestruktur. Aber dieser Prozeß verläuft sprunghaft, ruckweise.

Die gegenwärtigen Methoden der Exportexpansion der USA

In den letzten Jahren unternehmen die USA alles nur Mögliche, um ihre Positionen auf dem Weltmarkt und besonders auf den Märkten der EWG zu verbessern. Es gelang ihren Monopolen, ihre Stellung auf den Märkten einiger Waren zu verbessern (der ökonomische Sachverständigenrat des Präsidenten nannte darunter Kraftmaschinen, elektronische Rechenmaschinen, Flugzeuge, Kraftwerkseinrichtungen, Instrumente). Das wird vor allem durch staatliche Maßnahmen für die Hebung der Konkurrenzfähigkeit hervorgerufen, darunter z. B. die Stimulierung der Kapitalanlage in neue Ausrüstungen sowie die Politik der Hemmung des Wachstums der Arbeitslöhne. Eine große Rolle spielen auch die verschiedenen Formen der Forcierung des Exports.

Im Konkurrenzkampf haben auch die Kreditbedingungen eine große Bedeutung. Amerikanische Monopole bevorzugten bisher, die Waren im Ausland gegen Barzahlung zu verkaufen, was in einer Reihe von Fällen ihre Positionen schwächte. In den letzten Jahren überprüften die größten Monopole der USA ihr Verhalten bei der Bewilligung von Krediten an die ausländischen Käufer. Eine wichtige Rolle bei der Stimulierung der Außenhandelskreditierung spielte der Staat, der immer breiter die Versicherung und Kreditgarantie durch die Export-Import-Bank nutzt. Man muß auch auf die staatliche Kreditierung des Warenexports in den westeuropäischen Ländern hinweisen. In der Nachkriegsperiode stellte die Export-Import-Bank der USA den bisher in die EWG eingetretenen Ländern bis zum 30. Juni 1963 Kredite in Höhe von 1386 Mill. Dollar zur Verfügung, von denen bis zu diesem Zeitpunkt schon 942 Mill. getilgt waren, während 443 Mill. Dollar als Verschuldung bestehen blieben. Die Kredite und Darlehen wurden hauptsächlich für Käufe von amerikanischen Waren und Diensten benutzt. Als Beispiel kann der Kredit dienen, der den

[14] „Meeting Foreign Competition at Home and Abroad", Washington, 1961, S. 56/57

französischen Monopolen in Höhe von 1,4 Mill. Dollar eingeräumt und für den Kauf von Flugzeugen des amerikanischen Konzerns „Douglas Aircraft" verwandt wurde[15]. Nach Angaben von „International Commerce" vom 7. September 1964 gewährte die Export-Import-Bank Italien ein Darlehnen in Höhe von 1,7 Mill. Dollar, vorgesehen für den Ankauf amerikanischer Ausrüstungen für den metallurgischen Konzern „Nazionale Cogne". Seit 1954 begann die Export-Import-Bank der USA die amerikanischen Exporteure zu kreditieren, vor allem die Lieferanten von Ausrüstungen.

Im Kampf um die Lebensmittelmärkte nehmen die amerikanischen Monopole ihre Zuflucht zu einer alten und erprobten Methode — dem Dumping. In seinem Schreiben an den Kongreß im Januar 1959 war selbst der Präsident gezwungen zuzugeben, daß der gesamte amerikanische Export von Weizen und Baumwolle vom Staat subsidiert wird. Nach Angaben der Zeitschrift „Journal of Farm Economics" vom Oktober 1960 betrugen die Exportpreise für diese Waren 75—80% der Inlandpreise, während die restlichen 20—25% durch staatliche Dotationen gedeckt wurden. Darüber hinaus subsidiert der Staat 90% des Maisexports und 25% des Exports von Sojabohnen. Diese vier Produkte sind die wichtigsten Artikel des landwirtschaftlichen Exports in die Länder der EWG. Zu Beginn der 60er Jahre überfielen die amerikanischen Monopole mit einem breiten Dumping für eine Reihe von chemischen Erzeugnissen die Länder des Gemeinsamen Marktes. Trotzdem muß man die Tatsache beachten, daß es in Westeuropa Monopole gibt, die imstande sind, dem amerikanischen Dumping zu widerstehen. Das betrifft besonders die westdeutschen Monopole. Infolge des wachsenden Widerstandes der europäischen Länder verringerten deren angewandte Schutzmaßnahmen und Gegenmittel in ihrem Außenhandel die Effektivität des subsidierten Exports der Vereinigten Staaten.

Der Einfluß des Konkurrenzkampfes zwischen den imperialistischen Mächten und die Verschärfung des Handelskrieges mit den Ländern der EWG veranlaßten die USA zur Suche nach neuen Wegen des Eindringens ihrer Waren in die Außenmärkte. 1961 nahm die Regierung ein besonderes Programm zur Erweiterung des amerikanischen Exports an. Es wuchs die Anzahl der Handelsmissionen im Ausland. Nicht genug damit, schufen die USA in Westeuropa ein ganzes Netz von Exporträten (European Expansion Councils of America). In jedem solchen Rat sind 15 bis 40 Geschäftsleute, die vom Handelsminister auf ein Jahr berufen werden. Sie geben ihre Erfahrungen an die Unternehmer weiter, die am Export in die westeuropäischen Länder interessiert sind, tauschen sie untereinander aus und versorgen Washington mit kommerziellen Informationen. In offiziellen Kreisen schätzt man, daß die Bildung dieser Räte im Ausland einen Zuwachs der Warenausfuhr aus den Vereinigten Staaten von mindestens 10% gewährleisten würde. Solche Räte wurden in Rom, Kopenhagen, London, Frankfurt/Main, Zürich usw. organisiert. Außerdem schuf die Regierung in Westeuropa ständige Handelszentren, deren Ziel es ist, die Nachfrage auf den örtlichen Märkten zu erkennen, die amerikanischen Gesellschaften darüber zu informieren, ihnen zu helfen, dafür Reklame zu machen und Handelsvertreter zu finden, die den örtlichen Markt kennen. Für die Regierungsorgane wurde ebenfalls ein Programm über die staatliche Unterstützung bei der Organisierung von Ausstellungen im Ausland ausgearbeitet.

[15] „Export-Import-Bank of Washington. Report to the Congress", 30. Juni 1963

Zugleich mit der Mobilisierung aller Mittel für die wirtschaftliche Expansion der USA begannen Gespräche mit der EWG über die Liberalisierung des Außenhandels. Und zwar deswegen, weil sich viele Formen der amerikanischen Außenhandelspolitik unter den neuen Bedingungen der verschärften Konkurrenz als uneffektiv erwiesen. Die Regierung unternahm den Versuch, die Außenhandelsgesetze des Landes an die veränderte Lage anzupassen. Letztere fand ihre Widerspiegelung im Gesetz über die Erweiterung des Handels, dessen Annahme den USA erlaubte, die Initiatoren mit einer neuen Serie von Verhandlungen im Rahmen des GATT, bekanntgeworden unter der Bezeichnung „Kennedy-Runde", auftreten zu lassen.

In der amerikanischen Wirtschaftsliteratur wird vermerkt, daß das Ziel dieser Verhandlungen in folgendem besteht: den Außentarif der EWG zu senken und den Handel bis zu so einem Punkt zu liberalisieren, daß die amerikanischen Exporteure in der Lage wären, ihre Konkurrenzposition zu behalten; England, den anderen Ländern der Britischen Gemeinschaft und der EFTA, sowie auch Japan die Möglichkeit zu geben, ihren Exportanteil auf ihren traditionellen Märkte aufrecht zu erhalten; die Exportbedingungen für tropische Erzeugnisse der Entwicklungsländer Asiens und Lateinamerikas in Westeuropa zu verbessern.[16]

Kurz gesagt besteht das Ziel der „Kennedy-Runde" für die USA in der Senkung der Zölle der EWG, um den Markt der Gemeinschaft für die amerikanischen Monopole zu erhalten und zu verbreitern und auch anderen Ländern die Möglichkeit zu geben, Waren in dieses Gebiet auszuführen, was den Exportdruck auf den inneren Markt der USA senken würde. Ihrerseits streben auch die EWG-Länder danach, breiteren Zugang zu den Märkten anderer Länder, vor allem der USA, zu erhalten. Nach einem langen Streit, in dem sich die Meinungsverschiedenheiten zuspitzten, gelang es den Teilnehmern der „Kennedy-Runde", Mitte Mai eine bestimmte Vereinbarung zu erzielen. Den Vereinigten Staaten gelang es trotz alledem nicht, ihre Ziele in vollem Umfang zu erreichen. Die Herabsetzung der Zölle, und zwar in geringerem Maße als vorgeschlagen, berührt nun ein Viertel des kapitalistischen Welthandels.

Es bleibt zu erwähnen, daß sich die Struktur des Exports der USA in die Länder der EWG in den letzten Jahren bedeutend verändert hat. Wenn 1958 noch mehr als die Hälfte des Exports aus Rohstoffen, Lebensmitteln und Brennstoffen bestand, so machen gegenwärtig Fertigwaren, wobei besonders die Lieferung von Ausrüstungen anstieg, den größten Anteil aus. Die Vergrößerung des Exports von Ausrüstungen wurde erstens durch die hohe Konkurrenz in den Ländern der EWG, zweitens durch die breite Kapitalanlage der USA in Westeuropa und drittens durch die weitere Spezialisierung der Produktion zwischen den kapitalistischen Mächten begünstigt. Beispielsweise erklärte der Präsident der Nationalvereinigung der Maschinenbauer, daß die Produktion von Standard-Werkzeugmaschinen in Westeuropa um 15 bis 50% billiger ist als in den USA. Die Zeitschrift „Business Week" schrieb, daß ausländische Gesellschaften Werkzeugmaschinen nicht nur um 30–40% billiger produzieren, sondern auch in der „Qualität und Technologie die Vereinigten Staaten praktisch auf der ganzen Linie einholen".

[16] Siehe Stanley D. Metzger, Trade Agreements and the Kennedy Round. Fairfax, Va., 1964, S. 103/104

Einen harten Kampf haben die amerikanischen Chemie-Monopole zu bestehen. Um ihre westeuropäischen Gegner zu überflügeln, erhöhten die größten Gesellschaften der USA in den letzten Jahren in bedeutendem Maße die Ausgaben für die wissenschaftliche Forschung. Das erlaubte den amerikanischen Exporteuren, lauter neue Waren auf den Markt der EWG zu werfen, da sich die Konkurrenzfähigkeit der bisher exportierten Waren verminderte. Dort, wo die Konkurrenzfähigkeit der amerikanischen Chemieerzeugnisse bedroht wird, gehen die amerikanischen Monopole zum Dumping über. Auf diese Weise eroberten sie in den EWG-Ländern den Markt für Butan, Äthylenglykol, Phtal- und Malein-Anhydrid und Polyäthylen. 1962 waren diese Länder gezwungen, Antidumping-Zölle einzuführen. Seit der Existenz des Gemeinsamen Marktes hat sich der amerikanische Export chemischer Erzeugnisse in die EWG-Länder bedeutend erweitert. Sogar bei solchen Warengruppen wie organischen und anorganischen Chemikalien, Plasten, Kunstharzen, medizinischen und pharmazeutischen Artikeln büßen die amerikanischen Monopole ihre Konkurrenzpositionen im Vergleich zu den Teilnehmerländern des Gemeinsamen Marktes merklich ein.

Große Schwierigkeiten haben die USA beim Export von Schwarz- und Buntmetallen nach Westeuropa. In dem Maße, wie die Wiederherstellung der metallurgischen Industrie, besonders nach der Bildung der Montanunion voranschritt, verringerte sich die Einfuhr der EWG-Länder an Erzeugnissen der Schwarzmetallurgie. Es sank auch der Import von Kupfer und Kupferlegierungen und das Wachstumstempo der Einfuhr von Aluminium nahm merklich ab. Das ist in bedeutendem Maße mit dem Steigen der Konkurrenzfähigkeit dieser Zweige in den Ländern der „Sechs" verbunden. Am meisten sanken seit 1958 die Lieferungen an natürlichen Brennstoffen in die EWG, was vor allem mit der schnellen Verringerung des Imports der westeuropäischen Länder von amerikanischer Kohle, der Erweiterung der eigenen Gewinnung und dem Übergang zu anderen Brennstoffen verbunden ist.

Die Schaffung der Europäischen Wirtschaftsgemeinschaft legte den Grundstein zu einer neuen Etappe des Konkurrenzkampfes um die Absatzmärkte zwischen den imperialistischen Mächten. Mit neuer Kraft offenbart sich die Ungleichmäßigkeit der Entwicklung der kapitalistischen Länder, festigt sich die ökonomische Position der westeuropäischen Staaten. In einer Reihe von Fällen wächst die Konkurrenzfähigkeit der Waren der EWG-Länder. Immer mehr richtet sich die Politik des Gemeinsamen Marktes gegen die USA. Unter dem Einfluß der gegenwärtigen Erfordernisse verändert sich die Struktur des amerikanischen Warenexports in die EWG-Länder, nehmen einen immer größeren Platz darin Maschinen und Ausrüstungen ein, während die westeuropäischen Länder selbst mit größten Lieferungen an Ausrüstungen auf den Weltmarkt treten. Außerdem ist die Tendenz zur Annäherung des technisch-ökonomischen Charakters der Wirtschaft der Länder der Gemeinschaft an den der amerikanischen Wirtschaft zu verzeichnen. Das alles beeinflußt zweifellos die Konkurrenz auf den westeuropäischen Absatzmärkten.

Eine Reihe von finanziell erstarkenden westeuropäischen Staaten begann den Kampf um die Liquidierung der beherrschenden Stellung des Dollars im kapitalistischen Finanzsystem. Dieses Auftreten gegen den Dollar verschärft noch mehr das ernste Problem der amerikanischen Zahlungsbilanz. Politische und finanzielle Widersprüche zwischen den Vereinigten Staaten von Amerika und dem Gemeinsamen Markt erschüttern das Prestige der USA als des mächtigsten kapitalistischen Staates, was zu einer Verschlechterung seiner gesamten Stellung im kapitalistischen Weltsystem führt.

Im Kräfteverhältnis innerhalb des kapitalistischen Lagers gehen wesentliche Veränderungen vor und die USA sind gezwungen, damit zu rechnen. In den letzten Jahren gelang es ihnen, das Sinken der Konkurrenzfähigkeit ihrer Waren auf dem Markt der Gemeinschaft etwas aufzuhalten, obwohl das keineswegs bedeutet, daß die Zukunft des amerikanischen Exports gesichert sei. Daher suchen die USA unentwegt nach neuen Mitteln und Wegen für die Eroberung von Absatzmärkten in Westeuropa und für die Erhaltung ihrer herrschenden Stellung im kapitalistischen Lager. Es stehen noch erbitterte Kämpfe zwischen den Monopolen der USA und der EWG bevor.

Konjunktur und Krise, Band 11, Seite 307–310 (1967)

BUCHBESPRECHUNGEN

WALTER G. HOFFMANN, Das Wachstum der Deutschen Wirtschaft seit der Mitte des 19. Jahrhunderts; Springer Verlag, Berlin-Heidelberg-New York 1965, 325 Tab., 842 S.

Die Verfasser stellen sich die Aufgabe, in groben Umrissen ein quantitatives Bild der langfristigen Entwicklung der Volkswirtschaft und ihrer einzelnen großen Bereiche in Deutschland bzw. Westdeutschland zu zeichnen. Ohne Zweifel ist es den Verfassern auch gelungen, in dieser Hinsicht noch bestehende große Lücken in der wirtschaftswissenschaftlichen Forschung schließen zu helfen.

Es ist dabei in erster Linie Zweck der Arbeit, Zahlenmaterial zum langfristigen Wirtschaftswachstum zu erarbeiten, also den langfristigen *Trend* der Entwicklung zahlenmäßig zu erfassen. Eine Auswertung des erarbeiteten Zahlenmaterials erfolgt nur in sehr groben Umrissen. Damit sind zugleich die Grenzen der Arbeit gesetzt, die von den Verfassern im Vorwort auch gezogen werden. Fragen nach den Ursachen der Entwicklung, nach den Antriebskräften usw. bleiben unbeantwortet. Es versteht sich so schon von selbst, daß auch die Frage nach den Produktionsverhältnissen völlig ausgeklammert wird, obwohl sie sich in vieler Hinsicht aufdrängt und auch von den theoretischen Grundlagen der Arbeit her keineswegs außer Acht gelassen wird. Wir werden auf dieses Problem noch zurückkommen müssen, denn dadurch wird die Einschätzung der Aussagekraft der Zahlenreihen doch etwas beeinflußt.

In gewisser Hinsicht ist die Ausschaltung qualitativer Probleme und die fast ausschließliche Konzentration auf die quantitative Entwicklung und die Probleme ihrer Sichtbarmachung natürlich verständlich. Eine Fülle originalen Zahlenmaterials ist vergleichbar zu machen und für die Bedürfnisse der heutigen ökonomischen Forschung aufzubereiten. Alles dies kostet viel Zeit und Platz, so daß wenig Raum für andere Probleme bleibt.

Hervorheben muß man, daß in bezug auf die Entwicklung wichtiger volkswirtschaftlicher Größen langfristige, in der Regel über einen Zeitraum von über 100 Jahren laufende statistisch-methodisch und inhaltlich vergleichbare Reihen vorgelegt werden. Sie sind in sich vergleichbar, in vielen Fällen jedoch nicht unbedingt mit den in der amtlichen Statistik wiedergegebenen Reihen. Das verwundert nicht, denn es versteht sich von selbst, daß das unterschiedliche Originalmaterial auf beste erreichbare Weise zu einheitlichen, in sich vergleichbaren langfristigen Reihen zusammengefaßt werden muß. Umschichtungen des amtlichen Zahlenmaterials werden auf diese Weise unvermeidlich. Vielfach sind Schätzungen notwendig, die oft recht grob sind. Auch das ist verständlich, wenn man die Schwierigkeiten bedenkt. Aus lückenhaftem Material sind über Entwicklungsprozesse, die vor 100 Jahren abliefen, Größen zu erarbeiten, die den Inhalt heute in der ökonomischen Forschung gebräuchlicher Kategorien quantitativ darstellen. Es bleibt daher nicht aus, daß die Fehlermöglichkeiten oft recht groß sind. Für die exakte Darstellung der Entwicklung nach dem Kriege ist es daher besser – die Autoren weisen selbst darauf hin –, auf das amtliche Material zurückzugreifen. Jedoch vermitteln die hier vorgelegten Reihen ein recht gutes Bild von den Größenordnungen bestimmter, volkswirtschaftlich bedeutsamer Faktoren und Prozesse und ihrer Veränderung im Laufe der Zeit. Man muß jedoch bei der Nutzung des Materials stets ihre Aussagekraft in bezug auf das behandelte Problem prüfen und im Auge behalten.

Die Einschätzung der Aussagekraft wird erleichtert, weil der ganze, weitaus umfangreichste, zweite Teil der Arbeit ausschließlich der Erarbeitung des Zahlenmaterials gewidmet ist. Hier wird das eigentliche Material vorgelegt, während es im ersten Teil eine gewisse, freilich in groben Umrissen gehaltene Auswertung erfährt.

Kurz zum Inhalt des Buches. Das vorgelegte Material ist so umfangreich, daß man in einer Besprechung auf Einzelheiten gar nicht eingehen kann. Es handelt sich um Material, mit dem man arbeiten muß, wenn man es voll erfassen und wirklich auswerten will.

Im ersten Teil der Arbeit setzen sich die Autoren das Ziel, gewissermaßen eine grob gehaltene, volkswirtschaftliche Gesamtrechnung für den Zeitraum von 1850 bis 1959 vorzulegen. Das heißt, die groben kreislaufmäßig verbundenen volkswirtschaftlichen Bereiche und die in ihnen ablaufenden Prozesse werden erfaßt und in ihrer Beziehung zueinander wiedergegeben. Das geschieht in drei Hauptabschnitten, in denen jeweils die Aufbringungs-, die Verteilungs- und die Verwendungsrechnung des Volkseinkommens abgehandelt wird.

Die Autoren schreiten dabei gewissermaßen vom allgemeinen zum besonderen fort. In der Aufbringungsrechnung beispielsweise wird zunächst anhand des Netto-Inlandsproduktes die Entwicklung der Gesamtwirtschaft dargestellt und dann, jeweils in gesonderten Abschnitten, die der Faktoren oder Größen, die zu der beschriebenen Gesamtentwicklung geführt haben. Das heißt also, ausgehend vom Bevölkerungswachstum und der Erwerbsquote wird die Entwicklung der Beschäftigung, der Arbeitszeit und der Arbeitsproduktivität einerseits, sowie des Anlagekapitalbestandes, der Kapitalintensität, der „Kapitalproduktivität" andererseits behandelt. Es handelt sich also um die Entwicklung der Produktionsfaktoren Arbeit und Kapital, jeweils von unterschiedlichen Gesichtspunkten aus gesehen. Beide Produktionsfaktoren werden, wie es nicht anders zu erwarten ist, als gleichwertig angesehen, d. h. als gleichermaßen wertschaffend. Interessant sind in diesem Abschnitt nicht nur die statistischen Reihen über Beschäftigungs-, Arbeitszeit-, Arbeitsproduktivitäts-, Anlagekapitalbestandsentwicklung usw., sondern auch Berechnungen über das Ausmaß, in dem Beschäftigungs- und Arbeitsproduktivitätssteigerungen in den verschiedenen Perioden des Untersuchungszeitraumes zum Wirtschaftswachstum beigetragen haben.

Anschließend wird die ganze Entwicklung des Netto-Inlandsprodukts strukturell nach Wirtschaftsbereichen untergliedert und auch die Entwicklung innerhalb der einzelnen Bereiche dargestellt. Es handelt sich hier gewissermaßen um eine Darstellung der „Beiträge" der Wirtschaftsbereiche, und innerhalb derselben wiederum des einzelnen Produktions- bzw. Entwicklungsfaktoren, zum Netto-Inlandsprodukt. Die Wirtschaftsbereiche werden dabei im großen und ganzen ebenso gefaßt wie in der modernen bürgerlichen Statistik, d. h. Land-, Forstwirtschaft und Fischerei, Industrie und Handwerk (dabei Bergbau und Salinen gesondert), Verkehrswesen usw.

In der Verteilungsrechnung wird zunächst ganz allgemein die Verteilung des Volkseinkommens auf die Produktionsfaktoren Arbeit und Kapital behandelt, also, nach marxistischen Begriffen, seine Aufspaltung in variables Kapital und Mehrwert. Sodann werden die einzelnen Prozesse umrissen, aus denen sich die Einkommensentwicklung bei den jeweiligen „Faktoren" ableiten läßt. Hier findet sich interessantes Material über die Entwicklung der Löhne und Gehälter insgesamt, im Schnitt je Beschäftigten, auch aufgegliedert nach Wirtschaftsbereichen, ferner Gedanken über Zusammenhänge zwischen der Entwicklung der Arbeitsproduktivität und dem durchschnittlichen jährlichen Arbeitseinkommen. Auch das Material über die langfristige Entwicklung des Mehrwertes und seines Anteiles am Volkseinkommen ist interessant; freilich ist es in den absoluten Größenordnungen nicht zuverlässiger als andere bürgerliche statistische Angaben, die über diese Seite des kapitalistischen Reproduktionsprozesses Auskunft geben sollen. Der Mehrwert oder auch seine einzelnen Formen, Profit, Grundrente usw., gehören in ihrer quantitativen Entwicklung zu den am besten verschleierten Kategorien der kapitalistischen Gesellschaftsordnung. Es versteht sich am Rande, daß eine Entschleierung hier auch gar nicht versucht wurde; selbst der kapitalistische Charakter der Verteilungsverhältnisse findet mit keinem Wort Erwähnung.

Die Verwendungsrechnung des Volkseinkommens wird in ähnlicher Weise insgesamt und strukturell untergliedert abgehandelt. Interessant ist hier das gebotene Material über die langfristige Entwicklung des öffentlichen und privaten Verbrauchs, seiner Struktur, der Investitionen und ihrer Struktur, auch untergliedert nach Anlagearten, des Außenhandels etc.

Im vierten Kapitel des ersten Teiles wird schließlich ein Vergleich der einzelnen Volkseinkommensrechnungen durchgeführt. Das erweist sich als notwendig, da sich bei den einzelnen Reihen doch recht beträchtliche Abweichungen ergeben, die eine kreislaufmäßige Zusammenfassung erschweren. Auch dies ist nicht verwunderlich und beeinträchtigt den Wert des Materials nicht wesentlich. Es ist im Gegenteil ein Vorzug, daß die Autoren bei der Erarbeitung der einzelnen Reihen überaus reichhaltiges Quellenmaterial ausgewertet und für alle Volkseinkommensrechnungen, also sowohl für seine Entstehung, als auch seine Verteilung und Verwendung, entsprechende autonome Reihen aufgebaut haben. Es ist daher eher erstaunlich, daß sich die Abweichungen doch in relativ bescheidenen Grenzen halten; immerhin zeigen sie aber deutlich einen zu beachtenden Fehlerbereich an.

Der zweite Teil der Arbeit stellt gewissermaßen nur einen Exkurs zur Aufbringung und Aufbereitungsmethodik der Zahlen dar. Er ist so ausführlich, daß man die Berechnungen gegebenenfalls nachvollziehen kann. Auch dieser Teil ist in die großen Abschnitte Entstehung, Verteilung und Verwendung des Volkseinkommens aufgegliedert und auch weiter nach Struktur, Entwicklung der einzelnen Bereiche usw. untergliedert. Man findet hier das Zahlenmaterial des ersten Teiles bzw. seine Ausgangsrechnungen wieder, aber es ist viel weitergehend aufgegliedert; hier werden wesentlich mehr Prozesse quantitativ erfaßt und gesondert dargestellt als im ersten Teil. Während dort beispielsweise das Bevölkerungswachstum und die Entwicklung der Erwerbsquote behandelt wird, findet man hier Material über die Bevölkerungsgröße und -bewegung, ihre Gliederung nach Geschlecht, Alter und Gemeindegrößenklassen, über Frauenarbeit, Binnenwanderung u. a. Wer sich also mit einem spezielleren Thema als gesamtvolkswirtschaftlichen Größen und Zusammenhängen beschäftigt, vermag in diesem zweiten Teil noch sehr viel zusätzliches Zahlenmaterial zu finden.

Hervorzuheben ist, daß zu jedem Abschnitt und Unterabschnitt, von der Bevölkerungsbewegung bis zur Zahlungsbilanzentwicklung, ein ausführliches Quellenverzeichnis gegeben wird. Ob es auch stets umfassend ist, ist schlecht zu sagen. Wir kommen hier wieder zum Problem der Aussagekraft des Zahlenmaterials. Die Quellenangaben erklären zwar seine Herkunft bzw. die Schätzungsgrundlagen und sie sind insofern auch ausreichend. Greift man aber ein schon mehr erforschtes Spezialgebiet heraus, so meint man doch da und dort schon diese oder jene interessante Quelle gefunden zu haben, die hier keine Berücksichtigung findet. Zumindest werden in anderen Schriften manche Akzente bei der Auswertung des Materials anders gesetzt — durchaus fundiert, muß man betonen. Das gilt z. B. für die Lage der Arbeiterklasse und die Lohnentwicklung. In der Arbeit wird Jürgen Kuczynski als Quelle angeführt, aber man findet hier ganz andere Resultate als bei ihm. Ein Wort der Erklärung wäre also angebracht gewesen (in anderem Zusammenhang und in bezug auf Wagemanns Berechnungen wird eine solche Erklärung auch gegeben). Folgt man Hoffmann, so läßt sich, durchgehend für den gesamten untersuchten Zeitraum, eine Tendenz zur relativen Verelendung der Arbeiterklasse nachweisen. Auch der Proletarisierungsprozeß und die Polarisation des Eigentums an den Produktionsmitteln wird sichtbar. In dieser Hinsicht spiegeln die Zahlen also das allgemeine Gesetz der kapitalistischen Akkumulation wider. Aber die Arbeitslöhne je Beschäftigten steigen — von einigen konjunkturell bedingten Schwankungen abgesehen —, in der Tendenz durchweg nicht unbeträchtlich an. Eine Tendenz zur Steigerung der Reallöhne wird, durchgehend für den gesamten Zeitraum, zwar nicht ausdrücklich erwähnt, aber zumindest unterstellt (vgl. S. 93f.). Erstaunlicherweise unterbleibt eine Berechnung der Reallohnentwicklung völlig, obgleich fast alle anderen Entwicklungen sowohl in nominaler als auch in realer Rechnung, und zwar mit dem Schwerpunkt auf letzterer, dargestellt werden. Man fragt sich, warum? Gewiß hat sich in bezug auf die absolute Verelendung der Arbeiterklasse, der Reallohn spielt in dieser Hinsicht eine große Rolle, in neuerer Zeit einiges verändert. Das ist, bei dem seit der Oktoberrevolution wesentlich veränderten Kräfteverhältnis zwischen Arbeit und Kapital in der Welt, auch nicht anders zu erwarten. Aber war das immer so? Meines Wissens läßt sich die Tendenz zur absoluten Verelendung der Arbeiterklasse, einschließlich der Senkung des Reallohnes, noch bis in die 40er Jahre des 20. Jahrhunderts hinein nachweisen. Jedenfalls gibt es andere Untersuchungen, wie die von Kuczynski, die sehr fundierte Beweise in dieser Richtung vorlegen. Ganz sicher aber zeigt sich eine solche Tendenz während des 19. Jahrhunderts. In dieser Hinsicht kann man sogar sagen, daß sie heute, auch von bürgerlicher Seite, nur noch relativ selten bestritten wird. Neuere Untersuchungen bürgerlicher Ökonomen, wie beispielsweise die von Mauersberg[1], kommen hier auf Grund eingehender Analysen zu ähnlichen, wenn auch nicht so betont ausgesprochenen, Ergebnissen wie Kuczynski. Das Vorgehen Hoffmann's und seiner Mitautoren verwundert daher einigermaßen und man kann ihre Ergebnisse in dieser Hinsicht keineswegs als gesichert annehmen. Es zeigt sich, daß die theoretische Grundkonzeption die Bearbeitung des Zahlenmaterials doch sehr beeinflußt hat und Unsicherheiten in bezug auf die Aussagekraft nicht nur aus den Schwierigkeiten zu erklären sind, umfassendes und einwandfreies Quellenmaterial zu finden.

Bei allen Einschränkungen in bezug auf die Aussagekraft des Zahlenmaterials muß man jedoch anerkennen, daß hier eine große und nützliche Arbeit geleistet wurde, die geeignet ist, Lücken in der wirtschaftswissenschaftlichen Forschung zu schließen. Es wurde Material erarbeitet, das bei kritischer Verarbeitung durchaus die Grundlage für die weitere Erforschung bestimmter volkswirtschaftlicher Zusammenhänge und Probleme des Wirtschaftswachstums bietet. ROBERT KATZENSTEIN

[1] Vgl. H. Mauersberg, Deutsche Industrien im Zeitgeschehen eines Jahrhunderts, G. Fischer Verlag, Stuttgart 1966

Konjunktur und Krise, Band 11, Seite 311–314 (1967)

FRITZ VILMAR, Rüstung und Abrüstung im Spätkapitalismus. Materialien und Analysen. Mit einem Vorwort von Ossip K. Flechtheim. Europäische Verlagsanstalt, Frankfurt/M. 1965, 319 Seiten, DM 14.80

Vilmars Untersuchung eines der ernstesten Probleme der Gegenwart ist zweifellos das interessanteste und umfassendste Werk zu diesem Fragenkomplex auf dem westdeutschen Büchermarkt: Durch die Fülle seines Materials, dessen Verarbeitung und seine konsequente Einstellung gegen Krieg und Aufrüstung ist dieses Buch Wissenschaftlern und Politikern und darüber hinaus einem breiteren Leserkreis zu empfehlen.

Zum Ziel seiner Arbeit sagt Vilmar, daß es der theoretischen Stärkung der von den qualifizierten Minderheiten der Volksmassen selbst ausgehenden wachsenden internationalen Widerstandsbewegung gegen Krieg und Atomkrieg dienen solle (S. 13).[1]

Dieser Standpunkt – absolute Parteilichkeit gegen das abrüstungsfeindliche imperialistische System – beeinflußt den Aufbau des Buches, die Darlegung der gesamten Problematik und die von ihm gezogenen Schlußfolgerungen.

Vilmar konzentriert sich auf folgende Schwerpunkte, gegliedert in sieben Kapitel:

> „... den Zusammenhang von Spätkapitalismus und Krieg im 20. Jahrhundert; die fatale konjunkturpolitische Bedeutung überdimensionaler Rüstungsproduktion in der spätkapitalistischen Ökonomie; demgegenüber die – alle strategischen Ideologien ad absurdum führende – Ausweglosigkeit der Militärpolitik (besonders für Deutschland) im Zeitalter der Atomwaffen; die Unlösbarkeit der elementaren Friedensaufgaben ohne Abrüstung; die vorhandenen Ansätze einer realistischen Abrüstungspolitik; die vorhandenen theoretischen Modelle zur Umstellung der Rüstungswirtschaft auf Friedenswirtschaft; demgegenüber aber wiederum die massiven spätkapitalistischen Widerstände gegen Abrüstungspolitik und -ökonomie und daher letzten Endes: die Abhängigkeit einer entschiedenen Wendung des „Kräfteparallelogramms" ins Positive vom Engagement der Staatsbürger zur Umwandlung dieser spätkapitalistischen Gesellschaft in eine soziale Demokratie". (S. 13/14)

Unter dem Begriff „Spätkapitalismus" versteht Vilmar

> „... die gegenwärtige, im letzten Drittel des 19. Jahrhunderts beginnende Epoche des Kapitalismus, die gekennzeichnet ist durch zunehmende *Organisation* (Kapitalgesellschaften, Kartell- und Konzernbildungen usw.) und zunehmende (imperialistische, sozialpolitische, dirigistische) *staatliche Stützung* des profitwirtschaftlichen (von Marktwirtschaft immer weiter sich entfernenden) Systems. 'Imperialismus', 'Sozialkapitalismus', 'Plankapitalismus', 'Neokapitalismus' sind also Bezeichnungen von Phasen oder Teilerscheinungen dieser Gesamtepoche, die die des freien (liberalen) 'Hochkapitalismus' abgelöst hat" (S. 11, Fußnote),

was im wesentlichen mit dem Begriff des staatsmonopolistischen Kapitalismus identifiziert werden kann.

[1] Alle Seitenangaben beziehen sich auf das vorliegende Buch

Sehr richtig geht Vilmar von der dem Imperialismus eigenen expansiven Tendenz aus, die von dem Rüstungskampf der großen, vorwiegend an Staatsaufträgen interessierten internationalen Rüstungskonzerne verstärkt werde. Dabei hebt er besonders die verhängnisvolle Rolle Deutschlands hervor, die im Interesse der herrschenden Kreise von einer nationalistisch-apologetischen Geschichtsschreibung bis heute bewußt im Dunkeln gehalten wurde. Lediglich vereinzelt seien — wie z. B. von dem Historiker Fritz Fischer oder dem Spiegel-Herausgeber Rudolf Augstein — die ökonomischen und politischen Hintergründe der beiden Weltkriege oder die Kriegsschuldfrage Deutschlands behandelt worden.

An den Anfang seiner gesamten Untersuchung stellt Vilmar eine umfassende Statistik, die die Rüstungskosten der Welt von 1900 bis 1952, deren jährlichen Durchschnitt, die Bindung von Arbeitskräften durch Militärverbände in westlichen Ländern und eine Gegenüberstellung der Rüstungs- und Bildungsausgaben der BRD, der Sowjetunion, der USA, Schwedens und Belgiens enthält.

Die gewaltigen, auf 120 Md. $ im Jahr geschätzten Rüstungsausgaben der Welt stellt Vilmar dem Wirtschaftswachstum und dem Bruttosozialprodukt besonders der unterentwickelten Länder gegenüber, eine angesichts der von Ossip K. Flechtheim im Vorwort genannten Problematik unserer Zeit — gewaltige Bevölkerungszunahme ohne bisher entsprechende wirtschaftliche Entwicklung in der südlichen Hemisphäre bei gleichzeitiger Rüstungsverschwendung und drohendem Atomtod für die Bevölkerung zumindest der nördlichen Hemisphäre — besonders aufrüttelnde Darlegung.

Vilmars Hauptaugenmerk gilt trotz der Hinweise auf die Weltrüstung und -abrüstung vor allem Deutschland und heute der Bundesrepublik, die durch das Ausmaß und die Schnelligkeit ihrer Aufrüstung und durch deren ökonomische und politische Hintergründe eine besonders friedensgefährdende Rolle spielte und noch spielt.

Der in den letzten fünfzehn Jahren in Westdeutschland zu beobachtende „unheimliche Prozeß" des Übergangs von totaler Abrüstung zu einem militärischen „Machtstaat mit einer der kostspieligsten Rüstungen der Welt" veranlaßt Vilmar, die Rüstungswirtschaft der Bundesrepublik, die sich angesichts hoher Profitchancen rasch entwickelnden rüstungswirtschaftlichen Interessen der Industrie und die Rolle des Staates im Rüstungsgeschäft in einem besonderen, dem 2. Kapital zu untersuchen, obwohl deren „Materialien und Analysen sachlogisch zur Gesamtthematik des ersten Kapitels gehörten" (S. 79). Durch die Fülle des hier verarbeiteten, oft schwer zugänglichen Materials ist gerade dieses Kapitel eine wahre Fundgrube für Ökonomen und Politiker.

Besonders interessant ist dabei die Darstellung der unterschiedlichen Interessen der einzelnen Monopolgruppen an der Aufrüstung, was sich sehr deutlich in dem Für und Wider der Rüstungsaufträge an die in- und ausländische Industrie zeigt. Insgesamt aber ist die Aufrüstung in Westdeutschland das von allen Kapitalisten erstrebte Mittel, die Aufträge des Staates zu immer ausgedehnterer Anhäufung ihrer Profite zu benutzen. Vilmar zeigt an vielen Beispielen diese Jagd westdeutscher Großunternehmen, in vielen Fällen begleitet von umfangreichen betrügerischen Manipulationen. Diese Beispiele zeigt Vilmar nicht als eine abnorme Ausnahme, sondern als einen der imperialistischen Rüstung immanenten Bestandteil.

Aus diesen poltischen, ökonomischen und militärischen Fakten leitet Vilmar auch die abrüstungsfeindlichen Tendenzen der westdeutschen Politik ab. Die Remilitarisierung Westdeutschlands sei vor allem ein „politisches Instrument, mit dem sich die restaurative Führung der Bundesrepublik im Osten vergeblich, im Westen dafür um so erfolgreicher Platz und Gehör am Tisch der Siegermächte zu verschaffen versuchte" (S. 243).

Auf ökonomischem Gebiet gelte die Rüstung nach wie vor als ein konjunkturstabilisierender Faktor, der in Zeiten krisenhafter Rückgänge immer noch als Rettungsanker für die Aufrechterhaltung eines relativen Wirtschaftswachstums angesehen werde.

Unter den „gesellschaftlichen Widerständen" gegen die Abrüstung, die in den kapitalistischen Produktionsverhältnissen wurzeln, verberge sich vor allem die Furcht der herrschenden Kreise vor einer Demokratisierung der Wirtschaft, die im Gefolge der Abrüstung unvermeidlich sei. Eine Umlagerung der jetzigen Rüstungsausgaben müßte dann vor allem in Gemeinschaftsaufgaben erfolgen – ein Prozeß, der an der Basis ihrer Macht rüttele. Wohl sei auch die heutige Rüstungsproduktion schon weitgehend eine gemeinwirtschaftliche Produktion, jedoch werde das unter großer Geheimhaltung und unter Ausschluß der demokratischen Öffentlichkeit vollzogen.

Eine weitere Ursache der seit 1945 besonders großen Rüstungsanstrengungen der USA und der übrigen kapitalistischen Hauptländer sei die in der Öffentlichkeit nie verlautbarte, aber um so mehr betriebene Politik, die Sowjetunion und das sozialistische Lager ebenfalls zu hohen Rüstungsausgaben zu zwingen, um deren Wirtschaftswachstum und die Verbesserung der Versorgung ihrer Bevölkerung zu verhindern. Das große Wirtschaftspotential der USA (und wie die Entwicklung zeigt, auch Westdeutschlands) gestatten dagegen, neben der Rüstung auch eine hohe Produktion an Konsumgütern zu betreiben, ein Umstand, der eine besonders wichtige Rolle in der demagogischen Beeinflussung der Massen gegen den Sozialismus zu spielen hatte.

Für das sozialistische Lager stellt Vilmar fest, daß „eine maximale Abrüstung den Lebensinteressen dieses im wirtschaftlichen Aufbau befindlichen Gesellschaftssystems entspricht" (S. 253). Trotzdem will er „abrüstungsfeindliche Tendenzen im Ostblock" festgestellt haben, und zwar einmal im „Existenzinteresse der militärischen Machtelite der Sowjetunion" und zum anderen im „Zwang zur Rechtfertigung des unfreiheitlichen Regimes und des verlangten Konsumverzichts" (S. 254). Für die Begründung dieser merkwürdigen These zieht Vilmar lediglich Aussagen des „Spiegel" Nr. 15/1965 heran. Der erstaunte Leser ist nach der bisherigen Lektüre des Buches, in dem die konsequente Haltung des Verfassers gegen die imperialistische Rüstungspolitik zum Ausdruck kommt, geneigt, diesen Abschnitt eher für ein Zugeständnis des Autors an die westdeutsche Pressezensur als für dessen Überzeugung zu halten. Und das um so mehr, als bereits wenige Seiten weiter festgestellt wird, daß die „Ursachen jener totalitären Entartung des Systems nicht ... dem sowjetischen System, geschweige der sozialistischen Sozialtheorie an sich immanent", sondern in dem „fünfzigjährigen Prozeß kapitalistischer Einkreisung, kulminierend in Hitlers Vernichtungskrieg" (S. 257) zu suchen seien.

Auch gegenüber der Auffassung, daß „die Frage des Wirtschaftssystems als unbedeutend für das Problem der Abrüstung" angesehen werde – vertreten von Prof. Fritz Baade auf der Kieler Konferenz im März 1961 – vertritt Vilmar die Auffassung, daß das sozialistische System eine absolute Abrüstungsbereitschaft besitze. In bezug auf das kapitalistische System ist er jedoch sehr skeptisch und bezeichnet das „Zutrauen zu den friedenswirtschaftlichen Möglichkeiten des Kapitalismus" als offensichtlichen „Zweckoptimismus im Zeichen der Koexistenz" (S. 261). Ungeachtet dieser Skepsis unterbreitet Vilmar jedoch eine Reihe von Vorschlägen, wie auch unter kapitalistischen Bedingungen eine Abrüstung möglich wäre. Er sieht „weitreichende Eingriffe und eine wirksame Kontrolle der 'Machteliten' durch den demokratischen Staat" für notwendig an, um die „Abrüstung ohne schwerwiegende Krisenerscheinungen im Westen wirtschaftlich" (S. 261) zu bewältigen. Wie der „demokratische Staat" zu dieser Kontrolle gegenüber den „Machteliten" kommen kann, sagt Vilmar allerdings nicht. Jedoch mißt er dem Grundsatzprogramm des Deutschen Gewerkschaftsbundes von 1963 große Bedeutung bei und sieht im DGB, angesichts der Tatsache, daß „alle Parteien in der Bundesrepublik dazu neigen, das wirtschaftliche Establishment zu akzeptieren" (S. 262) sogar einen Faktor, der die Demokratisierung der Wirtschaft vorantreiben könnte.

Die Grundvoraussetzung jeder Abrüstung und Entspannung sieht Vilmar in der Änderung der gesellschaftlichen Machtverhältnisse und zwar durch das Entstehen von demokratischen Mehrheiten in den Parlamenten. Sie würden das Gespenst eines dämonisierten Kommunismus als Hilfs- und Schutzmittel ihrer Politik nicht mehr nötig haben und statt dessen Sozialisierung und Planung der Gesellschaft bejahen.

Das ganze Buch ist eine Ablehnung der parasitären Verschleuderung ungeheurer Reichtümer nur zu selbstmörderischen Rüstungszwecken, ist von dem Gedanken an eine ohne diese Verschleuderung glückliche, weil friedlich tätige, Menschheit durchdrungen. Allerdings findet sich kein realer Vorschlag, wie dieses Glück wirklich erreicht werden könnte. Aus Vilmars Vorschlägen könnte man herauslesen, daß nur mangelnde Einsicht in die von ihm aufgedeckten Zusammenhänge die Abrüstung bisher verhinderte. Allerdings müßte diese Einsicht bei den Kräften reifen, die fähig wären, die entspannungsfeindlichen Machteliten und ihre politischen Exponenten zu entmachten und eine Demokratisierung des kapitalistischen Wirtschaftssystems herbeizuführen. Das ganze Buch ist folglich als Appell und als Unterstützung für diese progressiven Kräfte gedacht. Es ist der bisher größte Lichtblick in der politökonomischen Nachkriegsliteratur Westdeutschlands und einem breiten Leserkreis in beiden deutschen Staaten zu empfehlen. RUTH ANDEXEL

Konjunktur und Krise, Band 11, Seite 315—319 (1967)

„Bildung und Wirtschaftswachstum", eine Modellstudie zur Bildungsplanung im Auftrag des Kultusministeriums Baden-Württemberg von Privatdozent Dr. phil. HANS PETER WIDMAIER, herausgegeben vom Kultusministerium Baden-Württemberg, Neckar-Verlag, Villingen, 1966, 300 S.

Die vorliegende Studie von Dr. H. P. Widmaier, am Institut für angewandte Wirtschaftsforschung der Universität Basel unter Leitung von Prof. Dr. G. Bombach erarbeitet, ist eine Untersuchung des Bildungswesens in Baden-Württemberg unter vorwiegend ökonomischen Gesichtspunkten hinsichtlich des Verhältnisses zwischen Bildung und Wirtschaftswachstum, zwischen den notwendigen Investitionen in das Bildungswesen und dem angestrebten wirtschaftlichen Wachstum. Dabei wird die einseitige Betrachtung von Arbeit, Kapital und Boden abgelöst durch die Einbeziehung der Bildungs- und Ausbildungskomponente der Arbeitskräfte. Das allgemeine Wissen um die Notwendigkeit rechtzeitiger Bildungsinvestitionen als Basis des gesellschaftlichen und wirtschaftlichen Fortschritts ist zugleich als Voraussetzung für die Verhinderung zukünftiger wirtschaftlicher Stagnations- und Krisenerscheinungen zu betrachten. Daraus ergibt sich die Forderung nach einer Planung der Bildung und Ausbildung, nach der Ermittlung des zukünftigen Bedarfs der Gesellschaft an qualifizierten Arbeitskräften auf den verschiedensten Ausbildungsebenen entsprechend den zukünftigen Bedingungen des gesellschaftlichen Produktions- und Reproduktionsprozesses, die sich im Verlauf der wissenschaftlich-technischen Revolution schnell ändern. Sehr problematisch dürfte für die Ermittlung dieses gesellschaftlichen Bedarfs die Tatsache sein, daß die gesamte Prognose von einer Schätzung des Wachstums des realen Bruttoinlandsprodukts und der Entwicklung der Arbeitsproduktivität ausgeht. Die Verifizierbarkeit dieser Schätzung ist unter den gegebenen Bedingungen der kapitalistischen Ökonomik zweifelhaft.

Ein weiteres Problem für das gesamte Bildungswesen im Kapitalismus besteht weiterhin darin, daß dieser Sektor der Infrastruktur nicht dem Profitmechanismus und seinen Gesetzmäßigkeiten unterworfen ist, was selbst von den bürgerlichen Ökonomen anerkannt wird.

Das Funktionieren des Allokationsprozesses mittels des Markt-Preis-Mechanismus und seine Lenkung mittels der Preise ist nach Meinung Prof. Dr. G. Bombachs im Bereich der Infrastruktur, der auch das Bildungswesen umfaßt, fast gar nicht gegeben. Da somit der Bereich der Infrastruktur größtenteils aus der Marktwirtschaft ausgeschlossen ist, hat sich die bürgerliche Wirtschaftswissenschaft bisher auch kaum mit der Problematik der Infrastruktur befaßt. Dieser Tatbestand wurde durch die Erkenntnis geändert, daß „Infrastrukturinvestitionen Vorbedingung eines gesunden künftigen Wachstums sind", daß „ein harmonisches Wachstums in dem Sinne angestrebt werden sollte, daß der Ausbau der Infrastruktur mit dem Wachstum der Güterproduktion Schritt hält, weil dieses sonst seinen Wert verliert", und daß „die Nichtexistenz von Rentabilitätsberechnungen in Analogie zur Privatwirtschaft nicht zu dem Schluß verleiten darf, daß sie entbehrlich oder überhaupt unmöglich seien".[1] Für das Bildungswesen trifft weiterhin die Tatsache zu, daß dem einzelnen jeder Überblick über die zukünftige Entwicklung des Arbeitskräftemarktes fehlt, und daß

[1] S. 16 des vorliegenden Buches

die lange Ausbildungsdauer heute eine so langfristige Planung bedingt, die über die Erfahrungen und die Informationsmöglichkeiten des einzelnen weit hinausreicht. Alle diese Faktoren erfordern die Informationskonzentration und die Aufstellung globaler und struktureller Prognosen über die gegenwärtige und die zukünftige Struktur und die Entwicklungstendenzen des Bildungswesens und des Arbeitsmarktes.

Dr. H. P. Widmaiers Arbeit beginnt mit einer differenzierten Analyse des existierenden Bildungssystems in seinen einzelnen Stufen und Typen und den Verbindungen zwischen ihnen, ergänzt durch eine besondere Untersuchung der dafür notwendigen Ausgaben und deren Finanzierung. Daneben dient eine Analyse der qualitativen Aspekte von Bildung und Ausbildung als weiterer Ansatzpunkt für die Bildungsplanung. Zugleich erfordert die zunehmende Komplexität der ökonomischen, politischen und sozialen Problematik unter den heutigen Bedingungen die Einbeziehung der wirtschaftlichen und sozialen Entwicklung, darunter insbesondere das Verhältnis zwischen Wirtschaftsentwicklung und Arbeitskräftebedarf. Weiterhin werden in diese Analyse eine Einschätzung der Entwicklungstendenzen des Bildungs- und Ausbildungswesens sowie eine „*Prognose alternativer Wege zur Erreichung vorgegebener kulturpolitischer Zielsetzungen*"[2] einbezogen. Die Bildungsplanung setzt entsprechend dem langfristigen Bedarf und der jeweiligen Nachfrage der einzelnen Wirtschaftsbereiche nach Arbeitskräften einerseits und dem Angebot unterschiedlich ausgebildeter Schul- bzw. Hochschulabsolventen andererseits eine Prognose der möglichen und wahrscheinlichen Entwicklung von Nachfrage und Angebot an qualifizierten Arbeitskräften voraus, die wiederum eine „umfassende Untersuchung der wirtschaftlichen Wachstumskräfte und ihrer Interdependenzen "[3] erfordert.

Diese prognostischen Schätzungen, diese Trendprognose und Extrapolationen, die dem Prognosemodell zugrundeliegen, können dem Zweck und Ziel der Studie zur Bildungsplanung nicht voll genügen. Die Vorgabe quantifizierter Zielwerte — von Dr. H. P. Widmaier gefordert — dürfte zur Lösung dieser Schwierigkeit, der Aufstellung einer wissenschaftlich fundierten Prognose gemäß den Linien der gesellschaftlichen Entwicklung ebensowenig beitragen, weil die gesellschaftliche Entwicklung im Kapitalismus den ihr immanenten Gesetzen unterworfen ist, die für eine echte wissenschaftliche Prognose — auch für Teilgebiete der kapitalistischen Ökonomik und Gesellschaft — unüberwindliche Hindernisse bilden.

Die Realisierung der Analyse dieser oben genannten Rahmenbedingungen ermöglicht nach der Auffassung des Autors den Aufbau der Bildungsplanung, die als „*die rationale Durchdringung des Bildungswesens als System, die Feststellung der quantitativen und qualitativen Grundtatsachen der Bildungsprozesse und die kurz-, mittel- und langfristige Vorausschätzung zukünftiger Entwicklungstendenzen im Rahmen der gesellschafts- und wirtschaftspolitischen Zielsetzungen, mit dem doppelten Zweck*:
einmal: *bildungspolitische Entscheidungen sachlich vorzubereiten* und
zum anderen: *bei gegebenen bildungspolitischen Zielen alternative Wege und Instrumente zu beschreiben, auf denen und mit deren Hilfe diese erreicht werden können*",[4] definiert wird. Die Analyse und die Prognose als Kombination von sozialen, ökonomischen, kulturellen und politischen Faktoren wird im Rahmen eines Konsistenzmodells durchgeführt. Die mittel- und langfristigen Prognosen der ökonomischen Entwicklung, des Bildungswesens und des Arbeitskräftebedarfs stehen dabei im Mittelpunkt der Studie. Die politischen Zielsetzungen werden für die Untersuchung als exogene Einflußfaktoren betrachtet.

Für das Untersuchungsobjekt, das Bildungswesen und die Bildungsplanung in Baden-Württemberg, wurde ein quantitatives Globalmodell erarbeitet, das auch qualitative Elemente — soweit diese quantifizierbar sind — umfaßt. Die Grundthese

[2] S. 25
[3] S. 25
[4] S. 31

der vorliegenden Studie wird in diesem Zusammenhang folgendermaßen formuliert: „Bildungsplanung für ein Bundesland als Träger der Kulturhoheit kann nur in einem *Globalmodell* vorbereitet werden, das sowohl die *Angebotsseite* (also das Bildungssystem in allen seinen Stufen und Typen) als auch die *Nachfrageseite* (also die Nachfrage nach Absolventen der einzelnen Stufen und Typen) umschließt und zugleich orientiert ist an einem Nachfragemodell, das die *globale Nachfrage* der Bundesländer nach Arbeitskräften untersucht."[5] Dementsprechend ist das Globalmodell in drei Teile gegliedert: Erstens umfaßt es ein Angebotsmodell, das die Entstehung des Angebots an Arbeitskräften nach ihrer Bildungs- und Ausbildungsstruktur zeigt. Aufgabe dieses Angebotsmodells ist die Analyse der bisher gegebenen Entwicklung des Bildungssystems und die Feststellung des Bedarfs an Lehrkräften, Bildungs- und Ausbildungsplätzen, Ausrüstungen und der dafür notwendigen finanziellen Mittel. Zweitens enthält das Globalmodell ein Nachfragemodell, das die Verwendung der Arbeitskräfte entsprechend der Bildungs- und Ausbildungsstruktur analysiert und prognostiziert mittels einer Nachfragestudie, die die Tendenzen der Wirtschafts- und Bevölkerungsentwicklung sowie regional bedingte, die Nachfrage beeinflussende Faktoren erfaßt. Als wichtigste Aufgabe des Nachfragemodells wird „die Information des einzelnen über die Entwicklung der langfristigen Berufschancen, die seine Bildungs- und Berufswahl erleichtern soll",[6] sowie die Möglichkeit der Kontrolle von Teilprognosen abhängiger Institutionen für bestimmte Berufsgruppen und der Überprüfung von kulturpolitischen Zielsetzungen hinsichtlich ihrer Übereinstimmung mit den Anforderungen der wirtschaftlichen Entwicklung an das Bildungs- und Ausbildungssystem betrachtet.

Drittens werden die Modelle des Angebots und der Nachfrage kombiniert und gegenübergestellt mit dem Ziel, Bildungsbilanzen aufzustellen und Informationen für wirtschafts- und bildungspolitische Entscheidungen zu gewinnen und demzufolge Möglichkeiten für politische Entscheidungen hinsichtlich eines Gleichgewichts von Angebot und Nachfrage zu bieten.

Der Autor wählt in diesem Teil seines Vorgehens auch einen etwas anderen Weg als Prof. Dr. G. Bombach in seinem Modell, der darin die zukünftige strukturelle Entwicklung einer Volkswirtschaft in den Mittellpunkt stellt.[7] Das kombinierte Bedarfs- und Nachfragemodell nach hochqualifizierten Arbeitskräften geht von der grundlegenden Hypothese aus, daß eine „systematische Beziehung zwischen der Entwicklung der großen Aggregate wie Produktion, Produktivität, Volkseinkommen und Bevölkerung und dem Bedarf und der Nachfrage nach hochqualifizierten Arbeitskräften"[8] besteht. In diesem Teil des Globalmodells wird nach dem Bombach-Modell vorgegangen, d. h. Bedarf und Nachfrage an hochqualifizierten Arbeitskräften werden nach vier Bereichen — Staat, Wirtschaft, Haushalte und Bildungs- und Ausbildungswesen — aufgegliedert.

Bedarf und Nachfrage des Bildungswesens — zunächst aus dem Bereich des Staates ausgeklammert — werden durch den Bedarf der übrigen drei Bereiche nach Absolventen festgelegt, der wiederum bestimmte Zahlen an Lehrkräften bedingt. Erstrebtes Ziel der Bildungsplanung und -politik ist das Gleichgewichtswachstum zwischen der Zahl der Absolventen des Bildungssystems und dem gesellschaftlichen Bedarf, wobei das Gleichgewichtswachstum „primär als Orientierungsmittel sowohl für die Prognose als auch für die Bildungspolitik relevant ist."[9]

In den weiteren Teilen der Studie von Dr. H. P. Widmaier folgt die Verifizierung des Globalmodells am Objekt der Untersuchung, in Baden-Württemberg für den

[5] S. 32

[6] S. 35

[7] Vgl. dazu G. Bombach, Die Vorausschätzung des langfristigen Bedarfs und der langfristigen Nachfrage nach hochqualifizierten Arbeitskräften in Beziehung zum Wirtschaftswachstum, OECD, Paris 1960, 1963

[8] S. 81

[9] S. 86

Zeitraum bis 1981 (Seite 89 bis Seite 283). Sie enthält umfassende detaillierte Analysen und Prognosen der Entwicklung von Wirtschaft und Bevölkerung Baden-Württembergs von 1950 bis 1981, die Entwicklung des Bildungs- und Ausbildungswesens von 1953 bis 1981, die Ermittlung des Bedarfs an hochqualifizierten Arbeitskräften bis 1981 sowie eine Zusammenfassung und eine Bildungsbilanz mit einer Fülle von Faktenmaterial, Berechnungen und graphischen Darstellungen.

Allgemein ergibt sich die Tendenz eines zunehmenden Bedarfs an qualifizierten Arbeitskräften der verschiedenen Bildungs- und Ausbildungsstufen. Speziell in bezug auf Hochschulabsolventen entsteht aber nach der vorliegenden Modellstudie „ein globaler *Nachfrageüberhang* bzw. ein globales *Angebotsdefizit*" für den Untersuchungszeitraum bis 1981.[10] Der Autor kommt demzufolge zu der Feststellung, daß die bisherigen kulturpolitischen Bemühungen und Zielsetzungen des Kultusministeriums von Baden-Württemberg für die ökonomisch begründete Nachfrage nicht ausreichend und Veränderungen des Bildungswesens notwendig sind, die er mittels einer Quotenmatrix in verschiedenen Modellen darzustellen versucht. Er gelangt zu der Schlußfolgerung, daß die in den Bildungsmodellen angenommene Verbesserung der Leistungsfähigkeit der Mittel-, Ober- und Hochschulen eine bessere Qualität des Schulsystems voraussetzt.[11] Das bedingt u. a. erheblich schneller steigende Ausgaben für das Bildungswesen, wenn die Entwicklung der Wirtschaft nicht behindert werden soll, was gerade in bezug auf die sich vollziehende wissenschaftlich-technische Revolution und den damit verbundenen schnell wachsenden Anforderungen und den strukturellen Veränderungen innerhalb der Volkswirtschaft schwerwiegende Konsequenzen haben kann.

So betrachtet, hat die vorliegende Studie – der Autor bezeichnet sie selbst als einen ersten Versuch der Analyse und Prognose der Entwicklung des Bildungssystems in einem Land der Bundesrepublik – in ihrer methodischen Anlage und ihrem Vorgehen als Modell zweifellos wesentliche Bedeutung für die Analyse des vorhandenen Bildungssystems und für die Bildungsplanung in der Bundesrepublik, mehr noch, unter den heutigen Bedingungen der wissenschaftlich-technischen Revolution ist die Lösung der in der vorliegenden Untersuchung aufgeworfenen Probleme für die weitere wirtschaftliche Entwicklung direkt und unmittelbar eine Voraussetzung geworden. Diese Tatsache trifft ganz besonders für einen Staat wie die Bundesrepublik zu, in dem der Begriff des Bildungsnotstands schon lange auf der Tagesordnung steht. Doch auf die eigentlichen Ursachen dieses beschämenden Tatbestands, auf die sozialökonomischen Verhältnisse und deren Konsequenzen für das Bildungs- und Ausbildungssystem geht die Studie Dr. H. P. Widmaiers bezeichnenderweise nicht ein, wenn auch nicht verkannt werden soll, daß allein schon der erste Versuch der Erarbeitung eines Modells für die Bundesrepublik ein Positivum darstellt.

Diese Modellstudie geht, und das ist durchaus positiv zu bewerten, in ihrem gesamten methodischen Aufbau und demzufolge auch in ihren prognostischen Voraussagen – inwieweit diese tatsächlich auch zutreffend sein werden, sei dahingestellt – von den Anforderungen der wirtschaftlichen Entwicklung, vom Niveau der Produktivkräfte und ihrer Entwicklung aus, ohne diese aber genau genug einschätzen zu können. Überhaupt ist das Problem der Prognose sowohl ihres Wahrheitsgehalts als auch ihrer Verifizierbarkeit nach entscheidend für den Wert derartiger Arbeiten. Ein weiterer Mangel ergibt sich daraus, daß diese Studie nur ein Teilgebiet der Infrastruktur und nur einen Teil der Ökononomik eines kapitalistischen Staates umfaßt, was notwendigerweise bei der heutigen Komplexität und Integrität aller Seiten der gesellschaftlichen Entwicklung erhebliche Schwierigkeiten bei der Realisierung eines solchen Bildungsprogramms mit sich bringen muß. Die Studie weist in einigen Passagen durchaus auch auf vorhandene Mängel im bisherigen Bildungssystem, auf ökonomische und soziologische Barrieren und auf die bisher in bezug auf die Bildung und

[10] S. 279
[11] Vgl. S. 14

Ausbildung reaktive Politik des Staates und auf andere Mißstände hin, die dem propagierten Grundsatz der Gleichheit der Bildungsmöglichkeiten für alle Hohn sprechen, ohne aber direkte Forderungen nach grundlegenden Veränderungen zu erheben.

Außerdem ist diese Studie als Modell zu betrachten, d. h. sie hat den Charakter einer Abstraktion, die nur die wesentlichsten und primär quantitativen Aspekte des Untersuchungsgegenstandes erfaßt und dies auch nur für einen mittelfristigen Zeitraum. Sehr wesentlich für die Problematik der Bildungsplanung ist z. B. auch der gesamte Komplex der Finanzierung des Bildungs- und Ausbildungswesens, auf den die vorliegende Studie nicht eingeht. Gerade das aber ist in Westdeutschland, wo staatlicherseits die Rüstung im Mittelpunkt der gesamten Haushalts- und Finanzpolitik steht, der entscheidende Punkt für das gesamte Bildungswesen. Insgesamt gesehen bildet jedoch die Modellstudie zur Bildungsplanung von Dr. H. P. Widmaier in vielerlei Hinsicht eine sehr interessante Arbeit, die allen sich mit Bidungsproblemen befassenden Ökonomen und Soziologen zu empfehlen ist. SIEGFRIED LIEBE

CONTENTS

SOMMAIRE

СОДЕРЖАНИЕ

ACTA OECONOMICA ACADEMIAE SCIENTIARUM HUNGARICAE

Zeitschrift der Ungarischen Akademie der Wissenschaften

ACTA OECONOMICA berichtet über die wichtigsten Ergebnisse der ungarischen Wirtschaftswissenschaft. Die einzelnen Aufsätze befassen sich mit den Problemen der politischen Ökonomie, mit der Planwirtschaft, Industrieökonomik und Agrarökonomik, Binnen- und Außenhandel, Finanzwesen, der internationalen Arbeitsteilung unter den sozialistischen Ländern, den wirtschaftlichen Beziehungen zwischen Ost und West und mit der Wirtschaft der Entwicklungsländer. Die Zeitschrift gibt auch eine Übersicht über die wichtigsten Institutionen für ökonomische Forschung und Unterricht und über die Ergebnisse des wirtschaftlichen Lebens. Sie informiert den Leser über das ungarische Wirtschaftsleben.

Ein besonderer Teil bringt Rezensionen der wichtigsten ungarischen Bücher, die sich mit den Wirtschaftsfragen befassen.

Die von bekannten ungarischen Ökonomen verfaßten Abhandlungen erscheinen meistens in englischer, aber auch in französischer, deutscher oder russischer Sprache, mit Zusammenfassungen in einer zweiten Sprache.

ACTA OECONOMICA erscheint viermal jährlich in einem Band von etwa 400 Seiten.
Format 17 × 24 cm.

Bestellungen durch eine Buchhandlung erbeten

Schriftleitung: Budapest V. Nádor utca 7

AKADÉMIAI KIADÓ
Verlag der Ungarischen Akademie der Wissenschaften